SEBASTIÃO MENDONÇA

BATISMO

CAMINHO DA GRAÇA

EDITORA
SANTUÁRIO

DIREÇÃO EDITORIAL:
Pe. Fábio Evaristo R. Silva, C.Ss.R.

CONSELHO EDITORIAL:
Cláudio Anselmo Santos Silva, C.Ss.R.
Ferdinando Mancilio, C.Ss.R.
Gilberto Paiva, C.Ss.R.
José Uilson Inácio Soares Júnior, C.Ss.R.
Marcelo da Rosa Magalhães, C.Ss.R.
Victor Hugo Lapenta, C.Ss.R.

COORDENAÇÃO EDITORIAL:
Ana Lúcia de Castro Leite

COPIDESQUE:
Sofia Machado

REVISÃO:
Luana Galvão

DIAGRAMAÇÃO E CAPA:
Bruno Olivoto

Dados Internacionais de Catalogação na Publicação (CIP)
de acordo com ISBD

M539b Mendonça, Sebastião

Batismo: Caminho da graça / Sebastião Mendonça. - Aparecida, SP : Editora Santuário, 2021.
184 p. ; 14cm x 21cm.

Inclui índice.
ISBN: 978-65-5527-056-3

1. Religião. 2. Cristianismo. 3. Batismo. I. Título.

2020-2740 CDD 240
CDU 24

Elaborado por Vagner Rodolfo da Silva - CRB-8/9410

Índice para catálogo sistemático:
1. Religião : Cristianismo 240
2. Religião : Cristianismo 24

1ª impressão

Rua Pe. Claro Monteiro, 342 – 12570-000 – Aparecida-SP
Tel.: 12 3104-2000 – Televendas: 0800 0 16 00 04
www.editorasantuario.com.br
vendas@editorasantuario.com.br

Aos leitores

O batismo possibilita nossa identificação com Cristo, e a santificação fortalece-nos na fé e torna--nos imagem e semelhança de Deus.

Somos criaturas especiais de Deus, portanto adquirimos tratamento diferenciado. Com o batismo, uma nova luz ilumina nosso espírito. É quando Deus nos convida à conversão, ao perdão dos pecados e à participação de seu projeto de amor em busca do Reino.

O Evangelho fala à vida do homem do passado, do homem de hoje e falará sempre à humanidade. O batismo continua bem próximo de nós, principalmente quando o vivenciamos em nosso cotidiano.

Façamos, pois, do batismo uma porta que se abre aos homens de boa vontade para que entrem nas sendas da luz divina por meio da conversão.

O presente livro, em 2ª edição, *Batismo, caminho da graça,* representa o resultado de uma experiência acumulada, por meio de participação de cursos, palestras e encontros preparatórios ao batismo, para pais e padrinhos, em paróquias, e foi escrito pensando em você, que é cristão, em seu batismo, desejando-lhe algo mais para seu bem. Ele abre caminhos e aponta rumos para traduzir de forma prática o sentido da vida cristã, à luz do Evangelho, segundo os preceitos da Igreja Católica.

O autor

Imprimatur

Dom Frei Rubens Sevilha, ocd
Bispo Diocesano de Bauru, SP

Esta obra do professor Sebastião Mendonça sobre o fundamental sacramento do batismo, considerado a porta de todos os outros sacramentos, está enriquecida com dois novos títulos: *O poder do Criador* e *O sentido da vida humana*. Esta obra é fruto, não somente de estudos teóricos de teologia, mas, sobretudo, da experiência de vida cristã e do trabalho apostólico do autor ao ministrar, nas paróquias, encontros de preparação de pais e padrinhos para a recepção do sacramento do batismo para crianças, como também para os catecúmenos, que se preparam para receber os sacramentos de iniciação cristã.

Que o leitor deste livro, iluminado pelo Espírito Santo, possa colher todos os frutos que a graça do santo batismo produz na vida dos fiéis batizados.

APRESENTAÇÃO

O professor Sebastião Mendonça nos apresenta a 2ª edição do livro *Batismo, caminho da graça*, renovada e ampliada. Esta obra é fruto de vários anos de sua experiência adquirida na participação em cursos de preparação para o batismo, nas paróquias, para pais e padrinhos. O livro encontra-se, agora, com um conteúdo teológico bastante interessante e atualizado, cheio de inovações e com uma linguagem prática. Aconselho a todos a leitura desta obra, pois muito contribuirá para o enriquecimento espiritual e para a aquisição da consciência da importância do Sacramento do Batismo.

Padre Marcos Eduardo Pavan

Pároco da Paróquia São Cristóvão

Bauru, SP

INTRODUÇÃO

No cristianismo, vivemos o período de um "novo pentecostes", a era do Divino Espírito Santo, que sempre age em nós, unindo-nos para a glorificação santificadora do povo de Deus, apesar de nossa fraqueza de fé. Nesse sentido, o apóstolo Paulo faz uma exortação aos Coríntios:

> Não sabeis que sois um templo de Deus e que o Espírito de Deus habita em vós? (1Cor 3,16).

Pelo batismo, recebemos a luz do Espírito Santo, que em nós estabelece sua morada. Embora encontremos na Bíblia que Jesus realizava o batismo entre as pessoas – nem mesmo entre seus discípulos –, a Igreja, desde os primórdios, batizou e tornou esse sacramento uma prática de comprometimento essencial à iniciação da vida do cristão.

Em Atos dos Apóstolos, vemos que o batismo no início da era cristã era considerado uma tomada de definição, de pertença, de iniciação cristã, uma posição pública de fé, quando a adesão ou a entrega do neófito era feita e dedicada a Deus, pela Igreja; o que acontece ainda hoje. E o Espírito Santo continua a se manifestar em nós, por meio dos dons que nos são conferidos pela graça do batismo, com seu poder pleno e santificador e com a finalidade específica de nos tornar cristãos.

> Assim também vós: já que aspirais aos dons do Espírito, procurai tê-los em abundância, para a edificação da Igreja (1Cor 14,12).

Decorridos dois mil anos de cristianismo, infelizmente, ainda há muitas pessoas que dizem ser cristãs apenas porque são batizadas, mas vivem no anonimato, indiferentes às coisas de Deus, não participam da Igreja nem se comprometem com ela. Essas pessoas não entendem ou ignoram o grande significado do batismo e da vida religiosa para si, para os filhos e para a comunidade.

> Jesus, aproximando-se deles, falou: "Toda a autoridade sobre o céu e sobre a terra me foi entregue. Ide, portanto, e fazei que todas as nações se tornem discípulas, batizando-as em nome do Pai, do Filho e do Espírito Santo e ensinando-as a observar tudo

> quanto vos ordenei. E eis que eu estou convosco todos os dias, até a consumação dos séculos!" (Mt 28,18-20).

Em função da frieza, indolência, apatia ou descrença de muitos, o conceito de Deus pode ser ignorado e distanciado. Enquanto isso, Jesus nos possibilita, por meio da Igreja e dos sacramentos, as melhores condições para segui-lo, com o fim de nos tornarmos vigorosos e seguros no amor, na fé e podermos vencer as tempestades do dia a dia.

Na Igreja encontramos uma abundância de riqueza sacramental e litúrgica para nos fortalecer na graça de Deus, mas, infelizmente, essa riqueza continua desconhecida por muitos cristãos.

Quando Jesus, o "Deus Encarnado", esteve entre nós, há dois mil anos, foram registrados acontecimentos importantíssimos: Cristo procurava servir a todos com humildade, realizava milagres, curava doentes, pregava a justiça, a caridade, o perdão, a paz, a fé, a unidade, o amor, e, mesmo assim, acabou morrendo pregado na cruz.

Durante a vida de Jesus, enquanto natureza humana e divina, aconteceram fatos relevantes que, se não tivessem ocorrido, provavelmente, seu nome teria desaparecido da história, entre eles: a proclamação do batismo, a instituição da eucaristia e a ressurreição.

A celebração do batismo e a instituição da eucaristia aconteceram com Jesus enquanto natureza humana, e a ressurreição enquanto natureza divina. Então, Jesus se consagra com total plenitude de honra, poder e glória, completando sua vinda com a morte e encerrando-a com o mistério da Ressurreição, no Domingo de Páscoa, no terceiro dia após ter sido pregado na cruz.

No Novo Testamento, Jesus representa a imagem viva de Deus enquanto homem e considera-se bem próximo de nós. Ele nasce, cresce, é batizado, morre na cruz e ressuscita porque é Deus. A ressurreição constitui o mais belo fundamento e o grande acontecimento de cristianização. Revela-nos a dimensão gloriosa do "Homem Encarnado" redimido por Deus.

O batismo é o fundamento da existência cristã, porque integra o homem no caminho ensinado por Jesus e passa a fazer parte de seu projeto de salvação. Abre as portas para revelar a presença de Cristo em nós, na busca da conversão, e faz brotar nos homens o amor a Deus, à luz do Espírito Santo e do Evangelho.

Muitos pais batizam os filhos e esquecem-se, porém, de que o batismo é único. Ele representa a manifestação da luz do Espírito Santo, Paráclito. Seu valor perdura até o momento da ressurreição, e o batizado passa a integrar e a fazer parte do dia a dia de sua comunidade cristã.

Após a celebração desse sacramento, há todo um processo de renovação batismal, que prepara para conceber a graça da conversão ao longo da vida, projetada à luz da magnitude infinita de Deus. Assim a vida do batizado se realiza, glorifica-se, diviniza-se, completa-se e ele passa a ser mais um filho especial do Pai, *ad majorem Dei gloriam* (para maior glória de Deus). Portanto, com a instituição do batismo, tudo se engrandece, inicia-se, glorifica-se e tudo se constrói, sob a força da graça e a onipotência do Pai, à luz do Espírito Santo.

> Há um só Corpo e um só Espírito, assim como é uma só a esperança da vocação a que fostes chamados: há um só Senhor, uma só fé, um só batismo; há um só Deus e Pai de todos, que é sobre todos, por meio de todos e em todos (Ef 4,4-6).
>
> Eu sou o Alfa e o Ômega, o Princípio e o Fim. A quem tiver sede eu darei, de graça, da fonte da água vivificante (Ap 21,6 – Fonte CNBB).

Com o batismo recebemos o grande sacramento que sinaliza e identifica no cristão o amor de Deus. É um momento importante, porque com ele participamos da graça amorosa do Pai. É uma celebração que traz em si o verdadeiro sentido de religiosidade e interiorização cristã.

Esse sacramento nos prepara para a busca da conversão, da salvação dos pecados, da vivência em clima de unidade de fé, do amor e da participação do Reino de Deus. Quando o batizado se deixa imergir nas águas da purificação, torna-se um homem novo, adquire a identidade de cristão, passa a viver a Páscoa de Jesus e se torna membro do Corpo Místico de Cristo. Então, começa a fazer parte do povo eleito de Deus, transforma-se em templo do Espírito Santo e é mais uma alma viva da Igreja que caminha rumo à salvação.

O batismo é o sacramento da fé e da esperança, visto como fundamento do Cristianismo e um dos mais importantes da Igreja. A riqueza de sua celebração possibilita ao batizado tornar-se sacramentado diante do altar, consagrado e revestido da imagem e semelhança de Deus, porque Ele quer a salvação de todos. Caracteriza-se como importante sacramento de iniciação da Igreja, porque ele abre as portas para preparar o coração dos homens de boa vontade a se colocarem a serviço do Pai.

O batismo possui o sentido de partilha, de preparação, de compromisso, de comunhão, de participação e de aceitação interior. É uma missão a ser cumprida entre os homens nos "adventos e pentecostes" de todos os tempos. Dessa forma, como princípio de unidade e fé, o batismo eleva o cristão como criatura especial de Deus, tornando-o divinizado, com a finalidade de construir uma comunidade cristã solidária em busca do Reino, à espera de sua volta no dia do juízo final.

PARTE I

TEOLOGIA DO BATISMO

1. ANTROPOLOGIA DA SALVAÇÃO

Em toda a história da civilização, em cada clã, tribo ou nação, sempre existiu, por tradição, um chefe, um governo, um líder que atuava com poder e autoridade. Da mesma forma, não temos notícia de uma civilização que não tenha cultivado seu "deus", mesmo sendo de forma politeísta, muito comum entre as tribos e civilizações mais antigas.

A afinidade ou o convívio natural com um "deus" deve-se à crença natural no homem de sempre haver um ser superior, concebido com autoridade maior, a exemplo de um chefe guerreiro ou rei supremo para governar e proteger seu povo no caminho do bem, durante a guerra, na paz, na justiça, no gozo dos direitos e deveres, sempre em obediência às normas regimentais por ele determinadas. A adoração a um "deus supremo" é uma manifestação instintiva e de impulso sociocultural, implícito em toda a história humana.

Portanto o homem, por natureza, possui o senso do mistério divino, inclinado a encontrar dentro de si, em seu âmago, a presença de um ser superior – um “deus” – a fim de adorá-lo, protegê-lo e orientá-lo. E esse deve ser forte, justo, amoroso, estar sempre a seu lado, como seu fiel protetor.

O judaísmo é considerado a primeira religião monoteísta a aparecer na história. Tem como crença principal a existência de apenas um Deus, o criador de tudo. Para os judeus, Deus fez um acordo com os hebreus, fazendo com que eles se tornassem o povo escolhido e prometeu-lhes a terra prometida. A Bíblia é referência para a história desse povo, de acordo com seus escritos sagrados, por volta de 1800 a.C., quando Abraão recebeu um sinal de Deus para abandonar o politeísmo.

Enquanto isso, há dois mil anos, surgiu o Cristianismo, e o homem passou a acreditar em um Deus uno e trino, onipotente e misericordioso, criador do Céu, da Terra e de todo o Universo. Do nada, Ele criou o mundo e está sempre presente em cada um de nós. Em todo o relato da criação, é revelado o rosto de Deus, o sinal de Deus, o hálito de Deus, de quem em tudo o homem depende.

> No princípio, Deus criou o céu e a terra. Ora, a terra estava vazia e vaga (...) (Gn 1,1). (...) e Deus viu que isso era bom (Gn1,13). Também a Set nasceu um filho, e ele deu o nome de Enós, que foi o primeiro a invocar o nome de Iahweh (Gn 4,22).

A Bíblia, Livro sagrado dos judeus e dos cristãos, está dividida em Antigo e Novo Testamento. O primeiro é do período judaico, antes de Cristo, com uma fundamentação religiosa de caráter mais histórica, em que documenta a revelação realizada por Deus desde o início da criação. Grande parte do Antigo Testamento era anunciada por intermédio dos profetas e com um número reduzido de celebrações em seus templos. O homem adorava a Deus, porém de caráter mais unitário, sempre mais distante e meio temeroso a Ele.

A narração da Bíblia preocupa-se com a origem do homem no mundo e com o mundo, mas não de modo científico. Sua função é a de anunciar a Palavra de Deus sob a forma de revelação; indo desde a criação do homem até ao prometido juízo final *(parusia)*. O Novo Testamento, revelado pelos apóstolos, narra o período em que Jesus Cristo esteve entre nós, há dois mil anos, quando determinou, com a força da fé e sabedoria divina, a esperança da salvação do homem para o Reino eterno, no prometido dia do juízo final.

Monoteísmo – Deus único – é uma característica fundamental do Cristianismo, uma prova de que não podemos desprezar a revelação contida no Antigo Testamento.

2. O PODER DO CRIADOR

O Deus das Escrituras é o Autor das Leis. O Criador deixou sua assinatura na criação. Em quase todas as características da criação, encontramos na Lei a divisão de 3 em 1. Ele colocou nas Leis da Criação alguns conceitos básicos em suas características. Vamos analisar a natureza de 3 em 1 de modo geral: O Deus da Santíssima Trindade é 3 em 1: *Pai, Filho e Espírito Santo*; As Dimensões do Homem são 3 em 1: *corpo, razão e espírito*; A Base da Matéria, que são os Átomos, é 3 em 1: *prótons, elétrons e nêutrons;* Espaço de Tempo*: passado, presente e futuro;* Reinos da Natureza: *mineral, vegetal e animal;* Dimensões do Espaço*: largura, altura e profundidade;* Estado Básico da Água: *sólido, líquido e gasoso*; Composição da Música: *melodia, harmonia e ritmo*; Divisão da Matemática: *medida, geometria e número.* As dimensões da ação consciente do homem: *começo, meio e fim.* Há também a divisão de 4 em 1 na criação do Universo em seus elementos: *água, ar, terra e fogo;* e nas 4 estações: *primavera, verão, outono e inverno.*

Vida é a existência de um ser criado em certo período de tempo e que ocupa certo espaço com duração limitada. A origem de cada "espécime" faz parte de um dos três Reinos da Natureza: a) Mineral – *vida material* inanimada (pedra); b) Vegetal – *vida vegetal* (plantas); c) Animal – *vida animal* (os animais).

Se perguntarmos às pessoas se elas acreditam em Deus, muitas responderão que "sim". Não encontramos uma fórmula para definir Deus; é obviamente impossível. Ele é todo dinâmico, Onividente e Onisciente, perfeito, preenche o Cosmo, está presente em qualquer lugar que imaginemos do tempo e espaço. Se desejarmos encontrá-lo, é fácil, pois, em tudo aquilo que se olha, pega, cheira, ouve, está o sinal de Deus. Ele não precisa de nada de nós e não nos pede nada. Ele não faz nenhuma exigência, apenas nos fornece possibilidades para podermos, livremente, atingirmos os objetivos de nossos desejos materiais e espirituais.

O Poder de Deus representa a Força Maior no Universo. Tudo que existe no Universo é obra de Deus e faz parte do Criador. O Deus da Santíssima Trindade forma um só Deus, Uno e Trino. Então, tudo é governado por Ele e a Ele tudo pertence. O homem não é dono nem de sua própria sombra. Portanto cada "coisa" criada representa um importante sinal da presença de Deus. Essa é a visão holística, a imagem que temos dele, com identificação própria e imutável. Deus criou o Universo por meio do nada, porque Ele quis. O homem não cria nada, ele, pela força da inteligência, apenas transforma ou modifica o que foi criado por Deus. Tudo que existe é produto do Criador. A afirmação de que, segundo a Bíblia, somos seres criados por Deus, *feitos a sua imagem e semelhança*, representa para nós o maior orgulho. Neste planeta, não vivemos a sós nem nos sentimos isolados, porque estamos com o Criador.

Tudo o que existe no Universo é governado por Deus, está relativamente ligado a um sistema orbital de constelação como um todo. Cada astro encontra-se acoplado dentro de um amplo campo planetário, conduzido e impulsionado por uma poderosa força de atração magnética, que proporciona a cada um navegar solto pelo espaço sideral, em uma velocidade supersônica, inimaginável e precisa, sendo que cada um se relaciona em verdadeira harmonia e é membro integrante de suas respectivas galáxias.

Cada coisa ou objeto é específico, definido de acordo com sua natureza. Pode ser um objeto qualquer ou uma matéria. Possui energia, tem vida, nome, volume, peso, dimensão, corpo e origem. Tudo que existe no Universo é efêmero, tem seu começo, seu fim, sua origem ou existência com duração limitada, com identificação e natureza própria, específica, dependente do meio ambiente e do Criador.

Renè Descartes, francês, séc. XVII, filósofo, físico e matemático, pai do racionalismo, em sua máxima *Cogito ergo sum* (Eu penso, logo existo), diz que o homem – porque é racional, um ser pensante, adquire conhecimentos – sabe que os seres foram criados por Deus e tem asseguradas suas existências por um tempo limitado neste mundo.

Jesus, quando disse *Eu sou o Caminho, a Verdade e a Vida,* revela que Deus é absolutamente Eterno, Onipresente, Onisciente, Onividente, Onipotente, Magnificente, Benevolente, Criador, Todo-Poderoso, Misericordioso, Pai da Sabedoria, da Verdade Absoluta, Arquiteto do Universo. Portanto, enquanto o homem afirma: "Eu existo porque eu penso", em Deus também se confirma: "Ele é", ou seja, "Deus é", sempre foi e será eternamente.

O tempo de Deus é o "agora", e seu espaço ilimitado é o "aqui". Em todo momento, Deus se identifica com as coisas criadas, no aqui e agora. Logo, Deus, o Criador, constitui-se em uma força maior, um sopro divino, gerado e não criado, não tem vida, não tem origem, não tem corpo, é imortal, não nasceu, não possui família nem limitação no tempo e no espaço. Ele age com grande magnitude e elevado grau de poder e eterno amor.

Deus, em sua essência maior, é a luz do mundo. Antes da criação do Universo, do tempo e do espaço, antes da criação da luz, do dia e da noite, Ele já *Era e É* o *Deus Onipotente,* por força de grande poder e de sua misericordiosa bondade infinita. É o todo Onividente, está sempre presente em cada coisa. Ele é o centro do

Governo Universal, uma energia infinita, inexplicável, transcendental, cheia de vibrações positivas.

Em sua Trindade infinita, Ele está sempre presente entre nós e coloca o homem em sua imagem e semelhança. Para Ele, nada é impossível. Seu poder atinge além dos limites do vasto campo da geografia, do cosmo, vai além de nossos pensamentos, fora de nossa imaginação e dos sonhos humanos.

O conceito de Deus é como o sopro divino de uma imagem global que abrange todo o Universo, está em toda parte, no tempo e espaço, dentro e ao lado das coisas. Em tudo que existe há o sinal de Deus. Ele está dentro de nosso coração, na esperança de que, por sua misericórdia, está preparando o perdão de nossos pecados. Ele é tudo o que precisamos para viver. Deus encontra-se bem aqui, a nosso lado, dentro de nós e é nosso legítimo pai, amigo e companheiro certo. Ouve nossa voz, conhece nosso modo de pensar, de falar, de fazer, de olhar, de ouvir, de sentir. Ele lê nossos sonhos, nossos pensamentos, nossos sentimentos, nossos desejos, porque é o Criador, o Infinito, o Rei do Universo, o Mestre dos Mestres. Ele sabe e está bem mais perto e dentro de nós do que nós com nós mesmos.

3. A VINDA DE JESUS

Pelo amor que Deus tem por nós e por causa de nossa salvação, o Pai Eterno nos enviou o "Filho Encarnado", que morreu na cruz e ressuscitou no terceiro dia por causa de nossos pecados. Jesus é o Verbo, a Palavra encarnada para viver entre os homens, com vida plena, natural, humana e divinizada. Ele anunciou o projeto de Deus, prometeu sua volta, confiante de nossa conversão a Ele.

Com a vinda de Jesus, e agora, pelo sacramento do batismo, fazemos parte do plano evangelizador do Pai. Por intermédio dele passamos a ser filhos triunfantes, especiais e glorificados pelo Pai. Cremos no poder do Divino Espírito Santo, que é a força vivificante e triunfante do amor, que nos apregoa e origina em nós o sentido da vida espiritual. Por meio da Palavra, que é a força da evangelização, percebemos o sopro divino em nós, uma energia viva, uma luz que nos irradia, indicando o caminho reto – sentimos *o "hálito de Deus"* – o esplendor de nossa fé e a esperança do Reino eterno.

Por meio do magnificente poder do mistério divino, faz-se unir e resplandecer na vida interior do cristão o reflexo das Três Pessoas da Trindade Santíssima, quando o Pai se mostra Santificador, unido com o Filho Unigênito, Jesus Cristo, e com o Espírito Santo, Paráclito. Assim, o homem, uma vez batizado, sente-se fortalecido, confortado, amparado, como membro direto e coparticipante do mistério da graça de Deus.

Apesar de nossos pecados, Ele nos acompanha enquanto vida terrena. Deus, além de poderoso criador e infinitamente misericordioso, ama-nos como filhos e perdoa nossos pecados. Por meio da fé e da graça batismal, passamos a fazer parte de seu projeto de amor e do Reino. Com o batismo, nós cremos e abraçamos a Igreja triunfante, que nasceu no dia de Pentecostes, sob a luz do Espírito Santo.

> Tendo-se completado o dia de Pentecostes, estavam reunidos no mesmo lugar. De repente, veio do Céu um ruído como o agitar-se de um vendaval impetuoso, que encheu toda a casa onde se encontravam. Apareceram-lhes, então, línguas como de fogo, que se repartiam e que pousaram sobre cada um deles. E todos ficaram repletos do Espírito Santo e começaram a falar em outras línguas, conforme o Espírito lhes concedia que se exprimissem (At 2,1-4).

Deus criou o mundo, o homem e os animais. Entretanto, por um ato de desobediência, o homem desviou-se dos planos do Pai. Por meio de um "não", ele foi arrastado para o pecado e, em consequência, passou a ser o responsável pelo mal que existe no mundo. Por isso surgiu a ruptura do homem com sua origem, aparecendo o pecado original. Por isso o sinônimo da palavra *mundo,* seu "habitat" natural, que significa sujeira, imundície, perdição, perversidade, violência, corrupção, pecado...

4. EVOLUÇÃO DO HOMEM

No decorrer dos últimos séculos, houve o importante progresso da ciência e da tecnologia, sobressaindo o complexo sistema de automação das máquinas, altamente avançado, trazendo em consequência o processo de dominação de mercado.

Em decorrência do crescimento da indústria e da competitividade comercial, houve a integração do novo modelo econômico com diferentes diretrizes, concomitantemente com o considerável avanço dos meios modernos de comunicação e de transporte.

O extraordinário progresso da tecnologia, da ciência e o avançado processo de automação contribuíram para causar uma verdadeira revolução na cabeça do homem, quando os bens necessários são adquiridos com mais eficiência, praticidade e conforto.

Com a evolução da tecnologia e da ciência, pouco ou nada contribuiu ao homem encontrar paz, união dos povos, justiça, felicidade e o amor de Deus. Pelo contrário, ele se transformou em fiel e insaciável consumista, encontrando-se quase que robotizado, devido à relação e ao domínio tecnológico, muitas vezes, deixando-o alienado com a influência da mídia e da cibernética.

Ele está sempre trabalhando, correndo e muito cansado, tanto física como mentalmente, e envolto em muito ruído. Manter-se em silêncio e viver em um ambiente de paz e harmonia praticamente não faz parte de seu cotidiano. Caso ocorram momentos de parada ou de silêncio, pode até chegar a transparecer um susto, reinar uma confusão interior e seu pensamento vaguear.

Ao levantar de manhã, por exemplo, o homem moderno já tem uma agenda lotada de compromissos, ocupações e preocupações. Esse é o homem que anda estressado, dominado pela tecnologia, quase não tem tempo, contagiado pela doença da pressa, da velocidade, as quais vieram para ficar.

O papa emérito, Bento XVI, afirma que "é indispensável que a pessoa humana não se deixe subjugar pelo excesso de trabalho e pelo tecnicismo que o idolatre, pretendendo encontrar neles o sentido último do silêncio como chave definitiva da vida".

Quando, alguma vez, o homem moderno consegue permanecer consigo, em seu cantinho, quase atingindo seu mundinho de silêncio, em estado contemplativo, de modo a permitir-se, inclusive, aproximar-se de Deus, nesse momento, ele liga o rádio, o celular, a televisão ou o computador.

A tecnologia contribui para muitas mudanças, mas grandes consequências para a vida humana. O excesso de informação faz com que o homem abandone o hábito da leitura, permaneça no vazio, deixe de pensar, de falar, de escrever e quase não encontre tempo para praticar um ato de adoração a Deus, porque vive cheio de conforto em seu curto silêncio.

Em geral, o homem atual é muito prático, pouco utiliza a memória e a mente, porque a máquina fala por ele, pensa por ele, resolve problemas, canta e brinca por ele.

A falta de diálogo na família leva ao individualismo. Muitos preferem morar sozinhos, em um miniapartamento, possuir seu próprio carro, celular, televisor e computador. Tudo isso isola o ser humano, levando-o a quase não possuir amigos. Perde-se o espírito de família e da união entre os pares. Poucos são os que cultivam um ambiente de socialização familiar, de fidelidade com a religião; até parece que Deus se transformou em um ser em extinção.

Durante o período de formação dos filhos no relacionamento familiar, no aproveitamento escolar, o respeito pelos professores, a prática religiosa e a cidadania estão praticamente distanciados. Esse é o retrato do *homem moderno*, que quase não dialoga com membros da família, dificilmente faz uma oração para Deus, enfim, mais parece uma máquina vivente e cansada. O que Jesus tanto pregou, há 2.000 anos, o homem, ainda, parece que nada ou pouco conseguiu entender.

Vivemos na era da superpopulação e da tecnologia avançada. Porém as famílias, escolas, praças, os clubes, que são considerados meios de socialização, encontram-se praticamente vazios e no esquecimento. Nunca, em toda a história da humanidade, tivemos um número tão elevado de habitantes com tanto recurso tecnológico e de comunicação. Entretanto, hoje, o homem, na grande maioria, sente-se tão só, mergulhado nas profundezas de seu egoísmo e na solidão.

Na era da evolução da tecnologia e da informação avançada, percebe-se que o homem se tornou quase que incomunicável. É de pouco contato e de pouca fala, com muita opção para manter-se camuflado, como a televisão e o aparelho celular. É tanta tecnologia que se tem a impressão de que a criança já nasce com um *chip* na cabeça. Segundo o escritor e palestrante Augusto Cury, ela sofre da "síndrome do pensamento acelerado". Com três, quatro, cinco anos de idade consegue manusear o controle remoto do aparelho de som, do celular e do computador.

A criança é muito prática em sua vivência do dia a dia. Aos sete, nove anos já domina variados recursos tecnológicos, apesar de que um grande número é de baixo convívio no campo do conhecimento, na vida social e espiritual. O cientista Albert Einstein já dizia: "Tenho medo do dia em que a tecnologia se sobrepuser à interação humana. Então, o mundo será formado por uma geração de idiotas".

A influência da tecnologia e dos meios modernos de informação reflete diretamente em nós mesmos. Pouco nos preocupamos com a possibilidade e com a liberdade de reconhecermos e expressarmos amplamente os diferentes tipos de conhecimentos por meio da boa leitura, com a finalidade de adquirir melhor conteúdo e em benefício do bem-estar sociocultural.

Ao lado do grande esforço da modernidade, em busca do progresso, presenciamos um lado contraditório. Existe na face da terra mais de sete bilhões de seres humanos, no entanto cerca de um quinto dessa população passa fome, não tem saúde, nem educação, vive sem emprego e sem moradia, enquanto as grandes riquezas estão concentradas nas mãos de uma minoria. Por isso a miséria, a fome, a falta de saúde, de educação e a injustiça social continuam assolando milhões de pessoas.

Pesquisando em jornais, revistas e livros encontramos dados estatísticos aproximados que mostram o mapa do quadro desolador do Brasil e do mundo atual:

• No mundo um terço da população passa fome.

• 25% dos partos realizados ocorrem com adolescentes entre 14 e 18 anos.

• São provocados em média meio milhão de abortos por ano, fora os que permanecem ignorados, frutos da clandestinidade.

• 23% de nossas crianças e nossos adolescentes encontram-se em estado de carência e de abandono, excluídos e esquecidos pelos governos, pelos pais e pela sociedade.

• Estima-se que 3 milhões de crianças, na faixa de 8 a 14 anos, trabalham como escravas, sem nenhuma proteção legal.

• Entre 17 e 18 anos, cerca de 65% dos adolescentes trabalham sem registro em carteira.

• De cada grupo de 100 trabalhadores do país, em média, 17 encontram-se desempregados.

• Existem cerca de 500 mil casos de prostituição infantil.

• As estatísticas apontam 4 crianças assassinadas por dia.

• Os hospitais e a saúde pública encontram-se negligenciados.

• No Brasil, um doente internado custa, em média, R$ 900,00 por dia, mas o SUS (Sistema Único de Saúde) paga muito pouco aos médicos.

• Há uma média de 550 mil presidiários no Brasil, cada um representando um custo aos cofres públicos de cerca de R$ 2.000,00 ao mês.

• Em média, 20% da população brasileira não tem casa para morar.

• Estima-se que 90 milhões de brasileiros vivem excluídos e estão na faixa do índice de pobreza e de miséria.

• Cerca de 20% da população brasileira é considerada analfabeta e semianalfabeta.

• No Brasil cerca de 50% da população não possui conta bancária.

• O Governo criou o programa "Bolsa Família", porém esqueceu-se de que distribuir alimento e casa para morar não acaba com a fome e a pobreza. O que deve ser feito é "ensinar a pescar", oferecendo condições de saúde, educação e trabalho.

É necessário, portanto, que nossas crianças e nossos jovens recebam das famílias, dos professores e dos governantes toda a proteção, proporcionando a eles maior participação sociocultural, educacional e de entretenimento, a fim de que possam ter dignidade e possam ser respeitados como cidadãos e filhos de Deus.

5. SENTIDO DA VIDA HUMANA

Procurar saber quem é o homem é uma pergunta constante. Podemos facilmente definir quem é alguém, começando pelo nome, pela família a que pertence, verificando se tem uma profissão, se é brasileiro, casado, solteiro, gordo, magro, negro ou branco e muito mais. Entretanto, para respondermos à pergunta: *o que é o homem?*, precisamos saber o que tem significado em sua vida, o que mais lhe dá sentido para viver e qual a importância de seu relacionamento com as pessoas, os animais, objetos, a natureza e com Deus.

O homem possui uma característica especial, que o distingue dentre os animais. Na espécie humana, encontramos duas outras dimensões (*razão e espírito)*, que determinam seu grau de conduta comportamental, de compromisso, participação social e abrange os princípios da ética, da sabedoria e do mundo psíquico.

A valiosa identidade do homem, em suas dimensões: *corpo razão e espírito*, qualifica-o bem, por meio do desenvolvimento da inteligência e do campo espiritual, sobre o que ele representa ao lado dos diferentes comprometimentos com a vida, com o lado ético, sociopolítico, técnico e científico, que são considerados atributos importantes e vitoriosos em favor de sua participação de cidadania, do progresso com a pátria e com Deus.

a) Dimensão do Corpo

Nesta primeira dimensão, encontramos o homem enquanto corpo físico, que representa um animal qualquer, um bicho. Ele se identifica por meio de sua natureza físico-biológica por ser um simples animal. A exemplo do que acontece com os animais, com o auxílio dos órgãos dos sentidos e instintos, o homem, nessa primeira dimensão, está apto a perceber e observar as coisas, igual aos animais, aqui, agora e de momento. Os animais não pensam, porém têm a sensibilidade por aquilo que está a sua frente, olhando, ouvindo, pegando, cheirando, sentindo o gosto, alimentando, sentindo sede; eles procriam, nascem, vivem e morrem.

O corpo do animal é resultado de grande quantidade de órgãos, cada um com sua função programada e definida. Os olhos para os animais, por exemplo, são órgãos que mais transparecem e são muito utilizados na procura de alimento, água, na defesa contra os predadores e na comunicação. Os olhos formam a linha de frente e acompanham o estado comportamental de qualquer animal. Eles representam o termômetro do corpo físico, por exemplo: quando eles estão tristes, os olhos ficam também; se alegres, ficam alegres, e se doentes, também.

É com o corpo que o homem e os animais passam a viver e a se relacionar com seres da mesma e de outras espécies e com a natureza, de acordo com seu *modus vivendi.*

Desde a infância, o animal necessita de cuidados especiais com o corpo, o qual age e reage pela força do instinto, da sensibilidade, por meio do sistema sensório-motor e de estímulos. Para isso, cada animal possui reflexo e instinto de defesa, já programados, especificamente.

O homem, em especial, parece que não se preocupa muito com o corpo físico. Se o fumante, por exemplo, entendesse como funciona o complicado sistema do aparelho respiratório, ele, provavelmente, não fumaria.

Nessa dimensão, o animal não pensa, não aprende e não sabe que ele existe. Quando desenvolve uma atividade com interferência humana, ele passa a ser treinado, instruído ou adestrado. Sabemos que alguns possuem o cérebro mais evoluído, por natureza, como o cachorro, o cavalo, o macaco, o golfinho, a baleia, o elefante e outros.

Os animais não gozam da felicidade, apenas do prazer e bem-estar. O cavalo adestrado, por exemplo, vai mais longe, ele consegue ler o pensamento do cavaleiro. O cachorro possui o faro e o instinto bastante elevado de fazer uma forma de amizade com o dono. O macaco, com suas peripécias, tem a característica de bom comportamento entre os membros do grupo. O animal não pode amar, porque não tem espírito, mas possui instinto de amor e de carinho, por meio da sensibilidade.

Nessa dimensão, o animal não sabe nada. É um ser dependente do mundo sensório-motor, controlado pelo instinto, faro, reflexo e condicionamento operante. Em suas ações, o animal sente dor, possui um forte instinto e o faro bem desenvolvido para explorar seu meio ambiente, defender-se dos predadores e procurar alimento. Da mesma forma, ele também vê, ouve, cheira, sente fome, sede, sono, fica triste, alegre, brinca, trabalha, fica doente, mas não aprende, porque não pensa.

Os animais usam tão somente a força do corpo físico, os órgãos dos sentidos e o instinto, que lhes possibilitam defender, perceber e observar *in loco,* de momento, trabalhar e agir de forma limitada em seu meio ambiente.

Na primeira dimensão, com sua natureza própria, os animais têm comportamentos estáticos, percebem e observam as coisas ao redor, com visão limitada e de momento.

A abelha, por exemplo, vive em sociedade e é conhecida por seu importante papel na polinização; foi programada, há milhares de anos, para produzir o mel e continua, até hoje, sem qualquer mudança. A formiga saúva, cortadeira, também vive em sociedade, foi programada para carregar às costas apenas um pedaço de folha de cada vez, para seu ninho. No cupinzeiro, os cupins formam uma sociedade altamente organizada e passam a maior parte do dia e da noite trabalhando em sua colônia. São vistos por agrônomos como um dos animais que mais trabalham. Os agrônomos afirmam, também, que o sistema de circulação de ar na casa do cupim é uma complicada engenharia.

Os animais não sabem nada, porque não possuem razão, não pensam, não aprendem a fazer as coisas. Eles podem ser treinados por meio de reflexo e por condicionamento operante. Não podem ser educados, apenas adestrados; não têm cultura, não têm a força da moral e o emprego da ética. O cão, por exemplo, é um animal extraordinário: possui o instinto de amizade e de aproximação com seu dono, porém não pode ser seu amigo, porque não tem espírito para amar. Ele é tão somente seu fiel companheiro.

b) Dimensão da Razão

Há cerca de 20 milhões de espécies de animais diferentes no planeta. O homem é o único que possui um diferencial maior, porque ele traz consigo duas outras dimensões de valorosa grandeza e que muito bem o qualifica, identifica-o de forma extraordinária e dinâmica: *razão e espírito*.

Na dimensão da razão, o homem é considerado animal racional, porque é dono de um atributo de extrema importância: a *mente*. É identificado entre os animais pelo grau elevado, por meio do pensamento de adquirir o mundo do conhecimento.

Com a força da razão, o homem constitui-se, em sua característica natural, da suprema e extraordinária capacidade de pensar, saber, aprender, conhecer, para depois saber fazer, adquirir consciência, a arte, os conceitos, juízos, o raciocínio, modificar as coisas criadas, possibilitar sua integração cultural na vida social e no trabalho. A aquisição de sua capacidade cognitiva torna-o dinâmico, qualificado nos diferentes tipos de progresso técnico-científico e de transformações da vida humana.

A capacidade de *pensar* é seu grande objetivo, que o identifica em seu diferencial elevado. Representa o caminho que o conduz ao conhecimento das coisas em seu dia a dia, como tomar consciência, desenvolver a aprendizagem, empregar corretamente a linguagem, as atividades no progresso da tecnologia, das pesquisas científicas, no campo econômico e sociopolítico. O homem constrói cultura, ética, cultiva educação, religião e promove a civilização de um povo. A dimensão racional possibilita ao homem conquistar seus ideais, explorar o desenvolvimento da inteligência e o grande poder de dominar e transformar seu meio ambiente.

O homem, por ser racional, é dono de seu pensamento. Então ele sabe de sua existência no tempo e no espaço e é dinâmico em suas ações. Com o pensamento, ele pode atingir o mais elevado nível intelectual, que o dignifica bem e possibilita-lhe desenvolver as bases da lógica, da ciência e da tecnologia.

O mundo das ideias e do pensamento define os juízos de realidade para conceituar e estabelecer valores das coisas, das pessoas em seu meio social, profissional e entre a natureza, os animais e Deus.

c) Dimensão Espiritual

O homem possui espírito para amar, usar o sentimento para possibilitar a união dos povos em favor da fraternidade, da paz e da justiça. A dimensão espiritual o conduz ao caminho da ética, a Deus, ao amor, aos juízos de valores, que empregam o mais alto grau de conquista e realização humana, e, ainda, dignifica-o com amor em sua participação do trabalho; na espiritualidade, explora a área de interiorização humana e leva-o a conquistar a gloriosa fonte da sabedoria e da felicidade.

A dimensão espiritual completa no homem seus valores sentimentais. Ele é o único animal que desenvolve o poder da sabedoria, constrói cultura, história, ciência, participa da ação política, cultiva religião, adora a Deus, recebe educação, tem sentimento de amor, sabe perdoar, faz jus de sua consciência, pratica cidadania, patriotismo, civilização, tem capacidade de construir um povo educado, de viver na paz e justiça com a família, pátria ou nação.

O homem possui dentro de sua integridade moral e intelectual a força da vontade de amar e trabalhar com honra e dignidade porque possui as dimensões da razão e do espírito. São dimensões que o eleva a uma condição privilegiada de ser o transformador do mundo. Ele governa o meio ambiente, desenvolve pesquisa científica, o progresso da arte, da tecnologia, vivencia a certeza de ciência e a certeza da fé em Deus. É um animal dinâmico, que tem o poder de pensar para adquirir conhecimento, desenvolver a sabedoria, contemplar a natureza, de ser reverente, com sentimento de amor e adoração a Deus, em prol da construção da paz e de uma sociedade feliz e sadia.

6. GLORIFICAÇÃO HUMANA

Com a vinda de Cristo, há dois mil anos, ocorreram quatro momentos importantes de glorificação humana, que foram marcados na história da civilização cristã. Nos três primeiros momentos, foram registrados um dos maiores acontecimentos da história, em todo o período do Cristianismo. Tal momento foi estabelecido e identificado por meio de resultados extraordinários, fortalecido pelo poder da fé, conforme os planos de Deus, e encontrado no Novo Testamento. Nesse momento, o homem passou a adorar mais de perto um Deus, em três Pessoas (Pai, Filho e Espírito Santo).

Vivenciando a graça de Deus, o todo-poderoso e misericordioso, nós o sentimos bem dentro de cada um de nós, no dia a dia. Ele sempre nos traz, gratuitamente, uma experiência nova e um novo sentido de vida. O grande momento acontece quando Ele promete aos homens a segunda vinda, o dia do juízo final, com a *parusia*, prometendo a salvação eterna, que acontecerá como fruto do amor e do perdão de nossos pecados.

Primeiro momento: a vinda de Jesus

O primeiro momento de glorificação humana foi registrado como um dos maiores acontecimentos da história da humanidade, que é a instituição do novo "povo de Deus" com a vinda de Jesus, da Nova Aliança. Esse período inicia-se por meio de uma mensagem do Anjo Gabriel, que foi ao encontro de uma mulher, escolhida dentre as demais. Era virgem, de muita ação e humildade, cujo nome era Maria. Ela muito acreditava em Deus, por isso foi reconhecida e fortalecida por Ele, por considerá-la uma pessoa simples, humilde, exemplar e imaculada, que carregava consigo a vocação de ser mãe fiel, de muita pureza e santidade. Ela foi escolhida para ser a "Mãe de Jesus", a Virgem Maria, pelo mistério da concepção divina.

> Bendita és tu entre as mulheres e bendito é o fruto de teu ventre (Lc 1,42); Doravante as gerações todas me chamarão bem-aventurada (Lc 1,48); Maria, porém, disse ao Anjo: "Como é que vai ser isso, se eu não conheço homem algum?" O anjo lhe respondeu: "O Espírito Santo virá sobre ti, e o poder do Altíssimo vai te cobrir com sua sombra, por isso o Santo que nascer será chamado Filho de Deus'" (Lc 1,34-35).

Por meio de registros de documentação dos anais dos tempos, considera-se que nunca um ser humano recebeu tão importante cargo ou missão aqui na terra. Maria foi escolhida para enfrentar um grande desafio: o de acolher Jesus, em seu ventre, como mãe, por meio de um *sim*. Esse fato miraculoso com Maria é visto como um importante acontecimento histórico. Então, de Maria veio Jesus, o Salvador, o Messias, o Filho do Deus vivo, o Encarnado.

Maria representa o modelo de aceitação interior. Com seu modo de pensar consciente, fortalecido pela fé e pela humildade, ela recebeu Jesus Cristo em seu coração, em seu pobre seio, porém rico de plenitude, de vocação maternal, de sabedoria e de amor, para ser a gloriosa mãe do Salvador.

Portanto o Cristianismo teve seu início no primeiro momento glorioso do anúncio, feito pelo Anjo Gabriel a Maria, tornando-a "bendita entre as mulheres", e nela foi gerado, encarnado e criado o "Filho de Deus", por meio do mistério da concepção, sob os desígnios do Pai. Com um maravilhoso sentimento de mãe, cheia de muita graça, como fonte de vida e de amor, ela o acolheu para amá-lo, adorá-lo, e foi a escolhida também para ser, ao mesmo tempo, a primeira apóstola e discípula de Jesus, mãe e filha de Deus.

Maria "esmagou a cabeça da serpente", venceu o poder do mal e iniciou um período glorioso na história do cristianismo. Com a concepção, anunciada pelo Anjo Gabriel, um fato importantíssimo foi registrado: Maria representa a porta aberta para dar início ao cristianismo, inaugura o primeiro sacrário vivo, a primeira consagração, a primeira comunhão com o corpo, sangue, com a alma e divindade de Cristo e a primeira celebração da santa missa na história da Igreja. Salientamos, também, que, por questão genética, circula no sagrado coração e no corpo de Jesus o preciosíssimo e glorioso sangue que Ele herdou de sua mãe, Maria Santíssima.

> Eis que conceberás no teu ventre e darás à luz um filho, e tu o chamarás com o nome de Jesus (Lc 1,31).

Com ela surge uma nova geração humana, com a mente voltada para a magnificência divina, conforme o *Magnificat*. Deus poderia ter enviado Jesus Cristo ao mundo de diferentes maneiras, até por meio de um sopro ou com um simples passe de mágica. Mas não, Ele quis compor uma família sagrada, constituída de pai, mãe e seu Filho Encarnado, Jesus Cristo.

Deus desejou que Jesus iniciasse sua vida na terra fazendo parte de uma família, vivendo em sociedade, participando dos costumes, dos problemas, tipos de cultura, falando a mesma língua, com uma maneira humana de vida bastante simples e modesta, de acordo com o local em que fora criado. E, para isso, foi escolhida uma mulher virgem, muito ativa, com o coração repleto de simplicidade, pureza, humildade, lutadora, santa e imaculada e com a sagrada vocação para ser a Mãe de Jesus.

Com Maria, Jesus foi criado e viveu como criatura humana, segundo a cultura e os costumes da época. Com Ele foi inaugurado um novo marco na história, a "Nova Aliança" de libertação. Com Jesus, herdamos uma nova partilha por meio do sacrifício na cruz e com a instituição da Eucaristia. Com a vinda de Cristo, surge em cada um de nós e a cada momento um novo batismo, um novo povo de Deus, uma nova Igreja, uma nova civilização cristã, uma nova fé e uma nova esperança, até sua volta, no dia do Juízo Final.

Cabe-nos o fiel compromisso de nossa reconciliação em busca da salvação por meio da oração, da mortificação, do perdão; zelar pela fé e pela conversão e na preparação dos caminhos para alcançar o Reino, prometido pelo Messias.

Maria, mulher de ação vocacionada, muito colaborou com o projeto de Jesus e da Nova Aliança, que, por intermédio dela, foi selada. Em cada Terço de Nossa Senhora, que rezamos, renovamos aquele importante momento da anunciação do Anjo Gabriel a Maria, sobre a vinda do Messias para a terra; tudo isso há dois mil anos. A reza do Terço representa, pois, o anúncio e a presença de Jesus em nossa vida, por intermédio de Maria. A cada Ave-Maria, revela-se, em nosso coração, um novo renascer de Jesus, uma nova acolhida; revivem-se uma nova esperança, uma nova luz em nosso caminho, um novo *magnificat*, um novo perdão; renovam-se nosso batismo, a certeza de uma boa morte tranquila, rápida e a ressurreição junto do Pai. Cada continha das dezenas do Terço representa a presença do irmão que se encontra ao lado, porque com Deus caminhamos juntos nesta jornada rumo à vida eterna, a fim de podermos alcançar o Céu. Maria é, pois, nossa mãe, a advogada e a fiel intercessora junto de Deus, enquanto caminheiros rumo ao Reino eterno.

Segundo momento: o nascimento da Igreja

Depois do anúncio do Anjo Gabriel a Maria, aconteceu o segundo fato glorioso na história, com a fundação, por Jesus, da nova Igreja, a qual foi outorgada ao Apóstolo Pedro para assumir o tão importante cargo, de elevada responsabilidade, sobrepondo, em seus ombros, a nobre missão de ser o "chefe da Igreja".

Jesus institui sua Igreja, outorgando a Pedro total responsabilidade de ser o primeiro Papa, a pedra angular, até o dia de sua volta, no Juízo Final, objetivando dar cumprimento à verdade, à conversão, à fé religiosa e à salvação dos povos.

São decorridos dois mil anos, e a Igreja Universal ainda se encontra entre nós, sob a denominação de "Igreja Católica Apostólica Romana".

> Também eu te digo que tu és Pedro, e sobre esta pedra edificarei minha Igreja, e as portas do Inferno nunca prevalecerão contra ela. Eu te darei as chaves do Reino dos Céus e o que ligares na terra será ligado nos céus, e o que desligares na terra será desligado nos Céus (Mt 16,18-19).

É importante também destacar a presença extraordinária de São Paulo Apóstolo, que muito marcou e glorificou a Igreja na evangelização do cristianismo. Foi o alicerce do maior propagador do Evangelho de Jesus Cristo, autor de 13 dos livros do Novo Testamento e deu continuidade fundando várias Igrejas no início da era cristã. Ele só não acompanhou, pessoalmente, Jesus, durante seu Ministério, mas teve uma visão divina profunda, tanto que se converteu e é considerado o apóstolo dos apóstolos.

O objetivo da Igreja não é o de reinar, mas de ser a fiel testemunha de Cristo, a servidora de Deus, a anunciadora da Boa Nova, a guardiã da justiça e da verdade, o *depositum fidei* (depósito da fé). Ela tem o compromisso de proclamar o Evangelho entre as nações, em busca da conversão, da salvação, do perdão dos pecados, e encontra-se sob a fiel proteção de Nosso Senhor Jesus Cristo e do Divino Espírito Santo.

A Igreja acha-se alicerçada em Deus com a missão maior de unir os povos em favor de um mundo melhor, de cultivar a paz, da conversão e da salvação eterna, por meio da justiça e do amor entre os homens de boa vontade.

Como base de sua estruturação e para dar maior significado e sentido a sua fidelidade, importância e valor na história, a Igreja ainda é, hoje, a dona do maior patrimônio cultural do mundo; possui um dos mais importantes e qualificados acervos em sua biblioteca no Vaticano. Ela é a responsável pela guarda de um dos maiores tesouros de arte, de escultura e de pintura da humanidade; é a instituição que mais construiu história, que mais contribuiu na educação e na aprendizagem escolar, familiar dos filhos, na assistência aos pobres e, principalmente, na educação religiosa dos povos.

São decorridos dois mil anos de sua existência, e ela continua firme, sob a autoridade suprema de Jesus Cristo, à luz do Espírito Santo, outorgando ao Papa, como chefe legítimo da Igreja na terra e fiel sucessor de Pedro, qualidade de nosso representante direto de Jesus Cristo.

A Igreja conserva, até nossos dias, em plena autoridade, seus princípios hierárquicos, com representação em todos os países, seguindo a fiel obediência ao Papa, como representante supremo e autoridade máxima, com sede no Vaticano, Estado independente em Roma, na Itália.

O Papa é assessorado, no Vaticano, pelas Congregações Romanas, que são dirigidas pelos cardeais, consideradas a parte física da Igreja, com o nome de Santa Sé. Na escala hierárquica, aparece, em primeiro plano, o Papa e o Colégio dos Cardeais; depois, os bispos em suas dioceses e os padres em suas paróquias, mantidas pelos leigos nas comunidades.

Em parte alguma da Bíblia, é encontrada qualquer passagem que autoriza ao homem a fundação de uma Igreja ou religião, a não ser aquela que foi atribuída a

Pedro, como pedra fundamental e como sucessor de Cristo. Portanto Cristo é o único fundador da Igreja, que é una, santa, católica e apostólica. E Jesus mostrou que tem muito amor por ela, não aceitando divisão, nem mácula.

> E vós, maridos, amai as vossas mulheres, como Cristo amou a Igreja e se entregou por ela, a fim de purificá-la com o banho da água e santificá-la pela Palavra, para apresentar a si mesmo a Igreja una, gloriosa, sem mancha nem ruga, ou coisa semelhante, mas santa e irrepreensível (Ef 5,25-27).

Depois do período pós-guerra, em meados do século XX, em alguns países, a exemplo do Brasil, muita coisa muda. Ocorre ainda uma proliferação de seitas religiosas, sendo que muitas se denominam cristãs. Algumas utilizam de um proselitismo exacerbado, de um imediatismo rigoroso, caracterizando-se à moda de um império de "magia negra", por meio de "curas" e "milagres". Prometem prosperidade econômica, em meio a um fanatismo exagerado, salvação individual e o exorcismo.

Elas abrem caminhos para novas visões bíblicas e apresentam, ostensivamente, seu produto de *marketing*, com uso de *slogans* comuns, como: *em nome de Jesus, Jesus salva, Jesus voltará, força de satanás, medo de inferno, descarrego*, e uma grande proliferação de "milagres". Uma das principais estratégias utilizadas é a interpretação manipulada da Bíblia, por meio da qual seus seguidores "serão salvos" por causa de um fundamentalismo exagerado, com ostensivo fanatismo, convicção e por influência da arrecadação do dízimo.

> Pois hão de surgir falsos Cristos e falsos profetas, que apresentarão grandes sinais e prodígios de modo a enganar, se possível, até mesmo os eleitos (Mt 24,24).

Esses grupos arrebanham para si um grande número de católico, chamado de indiferente, que apenas diz ser católico, mas não é católico.

No Brasil, milhares desses nossos irmãos, a cada ano, rumam para os mais diferentes "centros modernos", causando um enorme prejuízo à Igreja. É um sério assunto que vem sendo tratado com cautela e urgência pelas autoridades eclesiásticas, por meio da CNBB (Conferência Nacional dos Bispos do Brasil).

Os mais diferentes meios de comunicação modernos contribuem, essencialmente, para conduzir sobretudo o homem simples a uma visão deturpada do Cristianismo, com princípios fundamentalistas, cada vez mais distorcidos e fanatizados, distanciando-o dos princípios da fé verdadeira, da conversão, do amor a Deus e do próximo. Enquanto isso, rádio, televisão, *Internet* facilitam a expansão das chamadas "igrejas eletrônicas", quando a maioria delas, economicamente, chega a ser "um bom negócio".

Terceiro momento: o sacramento do batismo

O terceiro momento de glorificação humana acontece com o sacramento do batismo e da crisma, porque, com eles, o homem passa a pertencer ao Reino, isto é, representa o ingresso na santidade e no projeto de Deus.

Foi por amor que Jesus entregou sua vida em favor da remissão de nossos pecados. E o batismo constitui a marca mais significativa para identificarmos cristãos, o ponto de partida para fazermos parte do projeto de Deus e de seus desígnios, de sermos seus discípulos na vida terrena e na eternidade, pela ressurreição. É um sinal de fé, proclamado por Deus, para libertar-nos do pecado original, com o fim de sermos convidados para a vida plena da salvação.

O batismo é a marca do cristão, que o identifica como filho de Deus e soldado de Cristo na terra. O cristão tem como finalidade evangelizar os povos em busca da conversão e da conquista da salvação eterna.

Com esse sacramento, vivenciamos a presença e a luz de Deus em nós, porque ela nos revigora, leva-nos a viver em paz, assegura-nos a garantia da fé, do amor do

Pai, do sentido da vida e da certeza de viver o Cristianismo. Por etimologia, batizar vem do grego *baptizein,* que significa mergulhar, imergir.

> O mergulho na água simboliza o sepultamento do catecúmeno na morte de Cristo, da qual, com Ele, ressuscita (Catecismo da Igreja Católica, seção II, Cap.1, art.1, 296).

Pelo batismo, sentimo-nos apoiados com a presença divina em nós. Com ele, Deus nos acompanha nos momentos de alegria e de tristeza, no trabalho, na saúde e na doença. É, pois, o sacramento da graça, que dá sentido à vida, aproxima-nos de Deus, eleva-nos e nos qualifica como seres humanos pelo calor de seu amor, tornando-nos vitoriosos, porque somos conduzidos a uma vida nova e santificadora.

> Foi ele quem nos tornou aptos para sermos ministros de uma Aliança nova, não da letra, e sim do Espírito, pois a letra mata (2Cor 3,6).

O batismo leva-nos a fazer parte dos planos de Deus.

> Se alguém está em Cristo, é nova criatura (2Cor 5,17).

É o sacramento que determina, em nós, uma grande dimensão espiritual, devido ao compromisso e à participação de cada um em favor do próximo. Ele nos mostra o dimensionamento da fé, do amor e a experiência da vivência cristã, por meio das boas obras, em conformidade com o projeto de salvação prometido por Deus, que só o alcançaremos pelo arrependimento e pelo perdão dos pecados.

É pelo batismo que se concretiza, em nós, a participação viva do Corpo Místico de Cristo, fazendo valorizar o sentido da fé e do amor, enquanto vida terrena e com o mistério da ressurreição. E São Paulo adverte:

> Com efeito, o corpo é um e, não obstante, tem muitos membros, mas todos os membros do corpo, apesar de serem muitos, formam um só corpo. Assim também acontece com Cristo. Pois fomos todos batizados num só Espírito para ser um só corpo, judeus e gregos, escravos e livres, e todos bebemos de um só Espírito (1Cor 12,12-13).

Esse Sacramento confirma a alma do batizado em Deus, momento em que somos também Igreja. Durante a celebração, o batizando é mergulhado para a morte do pecado e renascido para a eternidade, pelo caminho da graça, junto de Deus. E pode ser chamado de "banho da regeneração" e de renovação, pela graça do Espírito Santo.

> Quem não nascer da água e do Espírito não pode entrar no Reino de Deus (Jo 3,5).
> Mas, quando a bondade e o amor de Deus, nosso Salvador, manifestaram-se, ele salvou-nos, não por causa dos atos justos que houvéssemos praticado, mas porque, por sua misericórdia, fomos lavados pelo poder regenerador e renovador do Espírito Santo, que ele ricamente derramou sobre nós, por meio de Jesus Cristo, nosso Salvador (Tt 3,4-6).

Com o batismo, tornamo-nos membros da Trindade Divina, com o compromisso de assumir o caráter sacramental pela graça santificante, porque ele remove as manchas do pecado original. Logo, a natureza e o sentido da vida eterna iniciam-se com o batismo.

> Quem não nascer do alto, não pode ver o Reino de Deus. Disse Nicodemos: "Como pode um homem nascer, sendo já velho. Poderá entrar uma segunda vez no seio de sua mãe e nascer? Respondeu-lhe Jesus: "Em verdade, em verdade, eu te digo: quem não nascer da água e do Espírito não pode entrar no Reino de Deus (Jo 3,4-5).

A cerimônia do batismo é realizada na Igreja, com base no ritual romano, de acordo com indicativas oficiais do Código de Direito Canônico.

A celebração pode ser encarada como um ofertório, quando pais, padrinhos e familiares se dirigem ao altar de Deus e, na presença do sacerdote, realizam a entrega do filho ao Pai. E Deus, em seu gesto de amor, recebe-o para ser mais um em seu Reino.

Por isso seu ritual é considerado como um ato de doação, de entrega do filho a Deus, um momento de glorificação e de consagração divina. É, portanto, para a família um motivo de muita alegria, de festa e de ação de graças.

> Senhor, a quem iremos? Tens palavras de vida eterna e nós cremos e reconhecemos que tu és o Santo de Deus (Jo 6,68-69).

Do batismo, recebemos a grande dádiva de adquirir o brilho da fé e da graça do Pai, para assegurar em nós a fiel presença divina e a certeza do "Deus conosco".

> Eu vos disse tais coisas para terdes paz em mim. No mundo tereis tribulações, mas tende coragem: eu venci o mundo (Jo 16,33).

Durante a cerimônia batismal, o neófito recebe a luz divina e testemunha a Deus em busca de sua libertação, porque ele encontra o caminho da graça. A fé é um dom recebido de Deus. Todo aquele que a cultua, dentro de um clima de aceitação interior, passa a carregar as marcas do cristão.

Por meio do batismo, pais e padrinhos comunicam e transferem aos filhos o apoio, a certeza da fé, da aceitação, da confiança e da conquista do amor familiar.

Depois de receber o batismo,

> Vós, porém, meus irmãos, não andais em trevas...; pois que todos vós sois filhos da luz (1Ts 5,4-5).
> O Verbo era a luz verdadeira que ilumina todo homem (Jo 1,9).
> Outrora éreis treva, mas agora sois luz no Senhor: andai como filhos da luz, pois o fruto da luz consiste em toda bondade e justiça e verdade (Ef 5,8-9).
> Lembrai-vos, contudo, dos vossos primórdios: apenas havíeis sido iluminados, suportastes um combate doloroso (Hb 10,32).

No dia do batismo, a Igreja se transforma em uma espécie de "maternidade", porque, durante a cerimônia, renascem para ela novas luzes, porque acontece a chegada de novos cristãos.

Sendo assim, em cada batizado, na celebração, acompanhada pelos pais, padrinhos e familiares, vivenciam-se, na Igreja, um novo nascimento e um período de vida nova cristã. É mais um membro do Corpo Místico de Cristo que, doravante, passa fazer parte dos planos de Deus, por meio do Cristianismo, iniciando, assim, sua caminhada rumo à salvação.

O batismo pode ser visto como o primeiro e o mais importante dos sete sacramentos da Igreja. Com ele, iniciamos uma vida nova, renascemos para Deus e abraçamos os planos do Pai. Nele encontramos significados importantíssimos para a vida humana, porque nos qualifica bem, aproxima-nos de Deus, reflete em nós a luz da esperança divina e nos oferece a plena confiança de vivermos com o Pai.

Ele nos mostra o verdadeiro caminho de Deus, identificado em nós por meio do sacrifício e da morte de Jesus na cruz e, depois, pelas promessas da ressurreição; tudo porque o Senhor quer nos salvar. Com esse sacramento, podemos sentir a presença do Pai em nós, sua força divina, proteção e o sinal de luz.

Com a finalidade de obtermos acesso à salvação, pelo batismo alcançamos os degraus da conversão ao Reino e passamos a ser fiéis seguidores do Pai pela força da fé; nele encontramos o verdadeiro caminho, pelo qual devemos seguir.

É essencial saber alguns fundamentos da Igreja católica, por meio do batismo:

- Com o batismo constituímos o novo povo de Deus.
- No batistério, pelo batismo da água, tem-se o ponto de partida para se tornar cristão.
- Sob a luz da fé, no dia do batismo, a Igreja transforma-se em uma *maternidade*.

• A Igreja representa o povo de Deus a caminho do Reino.

• Com o batismo, adquirimos um real sentido a nossa vida.

• Pelo batismo, descobrimos o caminho da graça de Deus em nós.

• A Igreja existe por causa do batismo para constituir o povo de Deus.

• O povo de Deus, pelo batismo, está inserido em Cristo.

• O povo de Deus é um povo sacramentado pelo batismo.

• O povo de Deus é um povo batizado para testemunhar e seguir a Jesus.

• O povo de Deus são os cristãos que prestam serviços à Igreja.

• A renovação do batismo ocorre quando sentimos a presença de Deus em nós.

• O batismo nos faz aceitar Jesus, que nos acolhe apesar de nossos pecados.

• Com o batismo, acontece a graça de nossa conversão ao Pai.

• O batismo é o sacramento que expressa plena aceitação de Jesus em nós.

• O batismo faz desaparecer a escravidão do pecado original.

• O batismo é um chamado de Deus à conversão.

• O batismo é o grande sacramento da fé e da esperança.

- Com o batismo, incorporamos e comungamos Cristo em nossa vida.
- O batismo é o sacramento da reconciliação e do amor a Deus.
- O batismo inicia a libertação do homem para os braços de Deus.
- O batismo nos coloca em contato com o Cristo ressuscitado e glorificado.
- O batizando renasce por meio da água e pelo Espírito Santo.
- O batizando é um cristão divinizado e consagrado a Deus.
- Com o batismo, o cristão passa a ser uma fonte de "água viva que jamais secará" (Jo 4,14).

Salientamos que batizar uma pessoa simplesmente por batizar, por tradição, não tem sentido e pode perder seu valor sacramental, porque o batizado precisa adquirir, por intermédio dos pais, familiares e padrinhos, o compromisso de levar uma vida cristã autêntica. Deve renunciar ao pecado, ao egoísmo, vestir a farda e viver como soldado de Cristo, como propagador da fé e como missionário de Jesus.

Os pagãos convertidos para o Judaísmo, no início do Cristianismo, utilizavam a circuncisão como sinal de ligação do povo à Igreja. A *circuncisão do Cristo* (Cl 2,11-12) indicava a entrada do povo à nova aliança, ligada à profissão de fé, com o objetivo de estabelecer, pelo batismo, a fonte e o início da vida cristã. Mas a cerimônia da circuncisão não podia ser comparada com a do batismo, porque este possui um significado de renúncia, de conversão, de libertação e de nascimento para uma vida nova.

O batismo incorpora a Igreja, envolve seus membros no processo de partilha para a constituição do povo de Deus, estabelece os princípios de igualdade e de fraternidade entre os povos, contribui, ainda, para fugir dos preconceitos, estabelece a comunhão e a coparticipação entre os cristãos.

> Mas vós sois uma raça eleita, um sacerdócio real, uma nação santa, o povo de sua particular propriedade, a fim de que proclameis as excelências daquele que vos chamou das trevas para a sua luz maravilhosa (1Pd 2,9).

O processo de iniciação cristã começa com o sacramento do Batismo. Em seguida, vem o sacramento da Eucaristia e, depois, o da Confirmação. Esse último constitui um complemento do batismo, ou seja, a confirmação, ou a consolidação do cristão, de poder assumir sua responsabilidade batismal, enquanto adulto, de forma consciente, como membro fiel da Igreja, enriquecido da graça e sob a luz do Espírito Santo.

Segundo orientação da CNBB, em "Descobrindo Novos Caminhos – Pastoral do batismo de criança", Jesus é o Cristo, o que significa na língua grega "o ungido", o consagrado a Deus em favor dos povos. Foi consagrado com a unção do Espírito Santo para realizar a missão do rei, do sacerdote e do profeta. Em seu batismo de água, no Jordão, manifestou-se sua unção. O batismo de sangue, durante a morte e ressurreição de Cristo, manifestou-se com uma unção definitiva.

O jovem, ao se preparar para receber o sacramento da confirmação, visto como um segundo batismo, pode ser comparado à figura de um "soldado guerreiro" após um determinado período de treinamento no exército. Ele prepara-se para o exercício da cidadania, para defender a família e a pátria. Encontra-se em estado de prontidão para lutar, vencer e adquirir consciência plena de sua responsabilidade como cidadão patriota.

Nesse feito, devemos ser transformados em soldados de Cristo na terra e, se possível, "generais", para defender o reino de paz, de união e de justiça entre os homens, destacando uma das maiores reivindicações a ser conquistadas durante a vida humana: a busca por um mundo bem melhor e de amor fraterno.

Quarto momento: a eternidade

Com o batismo, passamos a pertencer ao Reino e estabelecemos uma nova aliança com o Pai, tornando-nos parte de seu projeto de amor.

Com a morte, encerra-se, em nós, o período de vida terrena e inicia-se outro, o da eternidade. Após a ressurreição, realizará o último "nascimento", o que culminará com nosso maior momento, o da esperança da redenção.

O homem luta para evitar a morte, que só acontece quando encerra sua vida terrena. Ele não compreende esse mistério, mas a morte existe para todos e há sempre uma não aceitação natural entre as pessoas. Para alguns, a morte é vista como um acontecimento trágico, que pode levar à fobia e ao pânico; chega a causar certa ansiedade, tipo de assombro ou terror. Para o cristão consciente ela representa uma mudança de vida, isto é, uma simples passagem do período de vida terrena para a eternidade.

Na vida humana, o cristão passa por quatro estágios de nascimento. Depois da concepção e da formação do corpo humano, com cerca de nove meses de vida uterina, ocorre o nascimento biológico. Na vida terrena, período do segundo nascimento, o homem vive durante algumas décadas. Em sua primeira infância, o recém-nascido recebe o sacramento do batismo, que representa o terceiro nascimento e tem como prêmio divino encontrar o caminho da salvação eterna, pela graça de Deus. Finalmente, com a morte, alcançará o último estágio, o nascimento para a vida eterna, com o mistério da ressurreição, prometido por Jesus Cristo, para viver junto de Deus no Paraíso. A maior prova de que existe Ressurreição foi Cristo ter voltado depois da morte, de ter falado e aparecido a seus apóstolos.

> Um dos doze, Tomé, chamado Dídimo, não estava com eles, quando veio Jesus. Os outros discípulos, então, disseram-lhe: "Vimos o Senhor"! Mas ele lhes disse: "Se eu não vir em suas mãos o lugar dos cravos e se não puser meu dedo no lugar dos cravos e minha mão no seu lado, não crerei". Oito dias depois, achavam-se os discípulos, de novo, dentro de casa, e Tomé com eles. Jesus veio, estando as portas fechadas, pôs-se no meio deles e disse: "A paz esteja convosco!" Disse depois a Tomé: "Põe teu dedo aqui e vê minhas mãos! Estende tua mão e põe-na no meu lado e não sejas incrédulo, mas crê!" Respondeu-lhe Tomé: "Meu Senhor e meu Deus!" Jesus lhe disse: "Porque viste, creste. Felizes os que não viram e creram!" (Jo 20,24-29).

Nossa alma é imortal, distinta do corpo, um mistério da criação de Deus. Eis, pois, o dever de zelarmos pela identidade de sermos cristãos autênticos em todo momento, por meio da renovação do batismo, a fim de podermos nos comprometer, vivenciar o mistério da graça divina, e participar, gloriosamente, da ressurreição e da vida eterna.

> Estive morto, mas eis que estou vivo pelos séculos dos séculos (Ap 1,18).

O batismo nos leva a adquirir os caminhos de Deus, com o poder da graça que age em nós, por meio da fé. Em meio às dificuldades, tribulações e aos sacrifícios, devemos lutar com exatidão para conquistar o Reino, abraçá-lo, considerá-lo e participar dele como a maior prioridade de cristãos; isso representa nosso mais importante investimento enquanto vida terrena, como razão suprema e absoluta de nossa vida.

Sem a ressurreição, provavelmente, o relato da história da vinda de Cristo, na terra, não teria seu pleno sentido, não estaria completo, ou até mesmo, seu nome, quem sabe, já teria desaparecido da história.

> Se Cristo não ressuscitou, vazia é nossa pregação, vazia é também vossa fé (1Cor 15,14).

O mistério da ressurreição constitui o ponto culminante de todo o período de Jesus na terra. É na ressurreição que está revelada a maior esperança do cristão, para dar sentido à vida, poder identificar Deus e glorificá-lo pela graça do batismo, momento em que passamos a ser membros do Corpo Místico de Cristo.

> Cristo morreu por nossos pecados, segundo as Escrituras. Foi sepultado, ressuscitou ao terceiro dia, segundo as Escrituras. Apareceu a Cefas, e depois aos Doze (1Cor 15,3-4).

Ressurreição significa passagem de um estado de vida para a morte e para outro tipo de vida, que depende do misterioso poder divino. No caso de Jesus, houve a passagem para uma vida plena, eterna e glorificada. É, portanto, um mistério da Trindade, para nós é objeto de fé, com o fim glorioso de resgatar o homem junto do Pai.

> Pela unidade da natureza divina, que permanece presente em cada uma das duas partes do homem, estas se unem novamente. Assim a morte se produz pela separação do composto humano, e a ressurreição, pela união das duas partes separadas (Catecismo da Igreja Católica, p. 162).

Contemplemos, pois, a gloriosa vinda de Cristo, que, há dois mil anos, desceu do céu, veio até nós e viveu conosco como pessoa humana. Com a morte na cruz, ressuscitou no terceiro dia, encerrando esse período com a ascensão, quando voltou para junto do Pai.

Quando dizemos "Pai nosso, que estais nos céus", indica que somos filhos de Deus, fazemos parte do Reino, e representa a grande esperança de nossa morada eterna, após a *parusia*.

7. BATISMO E O SENTIDO DA FÉ

Fé é sinônimo de aceitação interior, um dom natural que se manifesta no ser humano, uma espécie de energia que nos impulsiona no caminho que nos conduz até Deus. É um acreditar, manifestado pela força do espírito, motivado pelo sentimento e pelo desejo na busca de determinados valores. São Paulo nos adverte em relação ao chamado divino, por meio do batismo:

> Há um só Senhor, uma só fé, um só batismo (Ef 4,5).

A fé é um dom de Deus concedido ao homem. Por meio dela, acontece em nós a manifestação da graça do Pai. Todo ser humano adquire o dom da fé, implícito na natureza de cada um, mas que deve ser cultivado com vigor.

> Quando, porém, acreditaram em Felipe, que lhes anunciara a Boa Nova do Reino de Deus e do nome de Jesus Cristo, homens e mulheres faziam-se batizar (At 8,12).

A fé acha-se impregnada na natureza humana durante todo o período de vida. Antecede o batismo, e ambos são inseparáveis em sua posteridade de vida interior.

Fé e batismo revelam a presença de Deus no cristão e abrem as portas para a caminhada ao Reino, por meio dos atos realizados por amor, pelo perdão e pela conversão a Ele.

> Se alguém quer vir após mim, renuncie a si mesmo, tome sua cruz cada dia e siga-me (Lc 9,23).

Os milagres realizados por Jesus foram para firmarmos nossa fé e podermos servir a Deus. O acreditar pela fé é um meio de nos aproximarmos e de sermos iluminados pela graça do batismo.

A fé nos permite esquecer e nos entregar totalmente, com coragem e confiança, nas mãos de Deus.

> Quando os discípulos o avistaram andando sobre o mar, ficaram apavorados e disseram: "É um fantasma". E gritaram de medo. Jesus, porém, logo lhes disse: "Coragem! Sou eu. Não tenhais medo". Então Pedro lhe disse: "Senhor, se és tu, manda-me ir a teu encontro, caminhando sobre a água". E Jesus respondeu: "Vem!" Pedro desceu da barca e começou a andar sobre a água, em direção a Jesus. Mas, quando sentiu o vento, ficou com medo e, começando a afundar, gritou: "Senhor, salva-me!" Jesus logo estendeu a mão, segurou Pedro e lhe disse: "Homem fraco na fé, por que duvidaste?" (Mt 14,26-31).

A certeza da fé oferece-nos as condições para vivermos em paz, na plena confiança do amor do Pai, a exemplo da conversão de Cornélio e de seus companheiros, que só foram batizados depois de terem recebido o Espírito Santo.

> Poderia alguém recusar a água do batismo para estes que receberam o Espírito Santo assim como nós? E determinou que fossem batizados em nome de Jesus Cristo (At 10,47-48).

Fé é um modo de conseguir o que se deseja e pode ocorrer por meio de um estado de confiança, em um momento de esperança, por um impulso natural e até na luta pela conquista de um objetivo, de um sonho ou ideal.

> Eis aqui a água. Que impede que eu seja batizado? E Felipe o batizou (At 8,36-38).

Quando Jesus questionava os doze apóstolos se desejariam continuar sua caminhada com Ele, Pedro respondeu:

> Senhor, a quem iremos? Tens palavras de vida eterna e nós cremos e reconhecemos que tu és o Santo de Deus (Jo 6,68-69).

Fé é uma condição de vida interior, uma espécie de motivação que nos leva a acreditar em algo; uma força alimentada que nos permite aproximar de Jesus. Com a fé em Deus nós crescemos, passamos a ser luz, encontramos o caminho e a maneira de viver em harmonia com Ele, com o próximo e com nós mesmos.

O mundo só se converterá para a paz quando reconhecermos que a santificação e a salvação são consagradas como o maior tesouro concedido pelo Senhor. Consideremos também como prioridade máxima quando impregnamos nossa aproximação com Deus, conquistada por meio da oração e das boas obras.

> Acaso não sabeis que sois um templo de Deus e que o Espírito de Deus habita em vós? (1Cor 3,16).

O cristão deve vivenciar, com muita força, perseverança e equilíbrio o cultivo de sua fé, a exemplo do período pascal quando Cristo faz um apelo aos cristãos, como sinal de conversão pela busca do Reino prometido por Ele.

> Na casa de meu Pai há muitas moradas (Jo 14,2).

A graça da santificação realiza-se por meio da fé, da oração, das boas obras, da penitência, do perdão e da conversão a Deus. Tudo isso, e muito mais, pode acontecer como fruto de nosso amor ao Pai, a exemplo da caridade.

> Esta é a instrução que te confio, Timóteo, meu filho, segundo as profecias pronunciadas outrora sobre ti: combate, firmado nelas, o bom combate, com fé e boa consciência (1Tm 1,18-19).

No momento do batismo, o celebrante pergunta aos pais do batizando: "Que pedes à Igreja?" A resposta é: "A fé e a vida eterna". Por meio da Igreja e do batismo, cultivamos a fé cristã e somos educados por ela.

Possuímos certo grau de fé, que se revela mais para uns e menos para outros, dependendo de como está sendo vivenciada ou cultivada. Amor e oração são molas propulsoras que nos levam ao Pai, tendo como fundamento as boas obras e o perdão.

> Nicodemos à noite veio encontrar Jesus e lhe disse: "Rabi, sabemos que vens da parte de Deus como um mestre, pois ninguém pode fazer os sinais que fazes, se Deus não estiver com ele" (1Jo 3,2).

Cristo é o fundamento do Cristianismo e tem como prisma o batismo. Pela fé, recebemos o batismo como compromisso e participação de vida cristã em consonância com os demais sacramentos, com a finalidade de sermos Igreja. O batismo nos faz mergulhar no coração das pessoas quando nos tornamos irmãos na fé, o que nos leva a criar um clima de comunidade sadia e de Igreja doméstica e viver nele.

O mundo não é nosso, não foi feito para nós, mas fomos criados para o mundo a serviço de Deus, para sermos fermento na massa e não massa para o fermento. Assim, o batismo nos qualifica bem, porque seu objetivo em nós é o de podermos servir a Deus e ao próximo e não para sermos servidos.

Com o batismo encontramos o caminho para libertar o homem deste mundo, manter acesa a luz da fé e afugentar as trevas da morte. Ele nos identifica como cristãos e estabelece uma grande harmonia com os outros sacramentos, que são celebrados pela Igreja, como sinal de salvação.

Nossa fé não pode ficar fria, aparente ou duvidosa, pois ela é o caminho, o combustível e a motivação que nos levam à conversão.

A fé nos fortalece sob os desígnios da luz do Espírito Santo, a fim de podermos descobrir e receber a luz da força divina.

Pelo batismo e por meio da fé, somos consagrados como legítimos filhos de Deus. Antes de Jesus subir aos céus, alguns dias depois da ressurreição, ele falou aos apóstolos:

> Ide pelo mundo inteiro, proclamai o Evangelho a toda criatura. Aquele que crer e for batizado será salvo; o que não crer será condenado (Mc 16,15-16).

Antes de conhecermos a Deus e aos irmãos, é preciso que conheçamos a nós mesmos, a fim de podermos viver em clima de aceitação interior, de comunidade, de perdão e humildade.

A fé nos leva a um exteriorizar-se, isto é, viver de dentro para fora, porque ela cria em nós momentos de fazer o espírito dar à luz.

A fé precede a conversão, que serve de ponte, caminho e esperança da salvação, como gratuidade divina.

Fé, ação e sentimento precisam ser praticados com fidelidade e harmonia. A fé cristã se manifesta por meio do servir, dos sentimentos, da caridade, do perdão e da boa esperança. Muitas vezes, desprezamos ou ignoramos o sabor de vivermos felizes, ou somos felizes e não percebemos.

A felicidade não existe fora de nós, nem mesmo quando a procuramos na mente, no mundo sensorial, no instinto, na percepção e, principalmente, nas conquistas de bens materiais. A felicidade acontece como consequência de nossas boas ações, ao servir o próximo. Não existe felicidade pessoal, ela é o resultado, a consequência de nossa participação em favor do próximo e de um mundo melhor.

> A fé é uma graça, um dom de Deus, uma virtude sobrenatural infundida por Ele (Catecismo da Igreja Católica, Art. 1, III, p. 49).

Fé e amor representam o maior dom e o maior valor absoluto que possuímos. Pela fé e pelo amor, encontramos os maiores ditames de nossa felicidade. Ambos oferecem os fundamentos que mais preenchem, valorizam e dão sentido à vida, principalmente quando são realizados por meio das boas obras.

Por meio da fé e do amor tudo se realiza, constrói-se, completa-se, torna-se possível, transforma-se em favor da paz, da amizade, da caridade e do alcance da graça de Deus. Vivenciar o campo da sabedoria nos fornece a grande esperança para se atingir a plenitude da felicidade.

> Agora, portanto, permanecem estas três coisas, a fé, a esperança e o amor, mas o amor é o maior (1Cor 13,13).

Encontramos pela fé uma força poderosa em nós. Ela nos possibilita viver e sentir o gozo da consciência, de adquirir a força da graça e de nos sentirmos próximos de Deus.

> Com efeito, como o corpo sem o sopro da vida é morto, assim também é morta a fé sem obras (Tg 2,26).

Fé sem consciência e sem as boas obras torna-se vã, vazia, porque não atinge os fundamentos maiores: o amor e a caridade. Enquanto cristãos, precisamos viver em clima de fé, que brota no interior de cada um de nós, com a preocupação maior de praticar nossa conversão a Deus e a salvação eterna, como Jesus nos ensinou.

A fé não deve ser mantida para ser fortalecida apenas de momento, por meio de uma crença qualquer ou de um cumprimento de promessas, para fazer um pedido, para curar doença, enquanto dura uma situação ou um problema, nem para ler ou decorar trechos da Bíblia com certo fulgor fundamentalista.

> Tu, porém, ó homem de Deus, foge destas coisas. Segue a justiça, a piedade, a fé, o amor, a perseverança, a mansidão. Combate o bom combate da fé, conquista a vida eterna, para a qual foste chamado, como o reconheceste numa bela profissão de fé diante de muitas testemunhas (1Tm 6,11-12).

Sem fé torna-se impossível chegar a Deus, pois quem dele se aproxima precisa crer nele. Se você não crê em Deus, não poderá aceitar Jesus como seu filho, que morreu por nós. Fé é acreditar que uma coisa é a verdade e agir de acordo com sua crença. Somos salvos pela fé em Deus.

> "A fé é a certeza daquilo que esperamos e a prova das coisas que não vemos" (Hb 11,1) – "A fé leva à ação" (Tg 2,22).

Nossa fé em Deus vai se desenvolvendo cada vez mais à medida que nós a compreendemos e a praticamos cada vez mais pelo exemplo de bom cristão. Por isso é importante estudar a Bíblia para entender o que Deus tem a nos ensinar e aceitar essa verdade.

8. BATISMO E O SENTIDO DO AMOR

O homem tem muitos objetivos na vida, mas o mais importante e de maior prioridade é o de lançar-se aos pés de Deus, permanecer em seu amor, ser discípulo de Cristo e sentir-se chamado por Ele.

A propagação do amor acontece por meio de valores conquistados pelas boas ações, pelo bom exemplo, bom relacionamento, trabalho, pela conduta e vida vinculada à realidade, de acordo com os princípios dos planos de Deus.

> Assim como o Pai me amou também eu vos amei: permanecei em meu amor (Jo 15,9).
> Onde reina o amor, Deus aí está, porque o encontro com Deus é o encontro consigo mesmo. Procuramos Deus lá fora e Ele está dentro de nós (S. Agostinho).

Nós, cristãos, habitualmente, dirigimo-nos para a igreja como importante oportunidade de adorar e louvar a Deus, em atitude de fé, agradecimento e contemplação.

Entramos na igreja para adorar a Deus, e saímos dela para amar ao próximo. Devemos participar com frequência das celebrações realizadas pelo sacerdote, nas missas e outras solenidades, com postura de espiritualidade, em clima de fé, silêncio, oração e humildade.

Tenhamos, pois, como cultivo da fé, a prática da oração e das boas obras, com o propósito de propagarmos a paz e a fraternidade, de vivermos em clima de união e na paz de consciência.

Só conhecemos a Deus quando aprendemos a ser solidários com o próximo e com nós mesmos. Portanto, não podemos alcançar ao Pai sem passarmos por nossos irmãos. E o Pai conhece tudo o que temos e o que somos.

Precisamos abrir o coração de nossos irmãos que são indiferentes com Deus, por meio da campanha de conversão, preocupando-nos com a salvação de todos. Adoração significa abraçar e contemplar a presença de Deus em nós, pela fé e oração. É nos lançarmos com confiança aos pés do Criador e deixarmos ouvir sua voz. O ato de adoração ao Pai adquire sentido e valor maior quando acontece a partilha de amor com o próximo, em particular com nossos irmãos afastados de

Deus, e quando nos encontramos sempre em clima de fé e de oração.

> Se alguém disser: "Amo a Deus", mas odeia seu irmão, é um mentiroso: pois quem não ama a seu irmão, a quem vê, a Deus, a quem não vê, não poderá amar. E este é o mandamento que dele recebemos: aquele que ama a Deus ame também a seu irmão (1Jo 4,20-21).

Fé, somente, não é suficiente para se atingir a salvação, porque ela sem amor não se completa. A fé nos direciona como caminho de ida, rumo a Deus, de aproximação com Ele. Assim, por amor, vamos até Deus, e Ele, por amor, vem até nós, porque temos fé nele. Nesse caminho de ida e volta – realimentação –, a fé abre as portas, fortalece e completa em nós o amor do Pai, manifesta sua grandeza, porque "fomos criados a sua imagem e semelhança".

Amor é compromisso, participação, um processo de partilha, de acolhida e de aceitação interior. O amor nos mostra como é importante sermos solidários e como devemos viver em clima de fraternidade. Assim, o fundamento do amor é essencialmente ético, transformador, prático e muito rico de sabedoria interior.

> "Mesmo que eu fale em línguas, a dos homens e a dos anjos, se me falta o amor, sou um metal que

> ressoa, um címbalo retumbante. Mesmo que tenha o dom da profecia, o saber de todos os mistérios e de todo o conhecimento, mesmo que tenha a fé mais total a que transporta montanhas, se me falta o amor, nada sou. Mesmo que eu distribua todos os meus bens aos famintos, mesmo que entregue o meu corpo às chamas, se me falta o amor, nada lucro com isso" (1Cor 13,1-3).

A maior preocupação do homem é a de ser solidário com as pessoas, viver em clima de comunidade, visando à construção de um mundo melhor, com o fim de o tornar mais comprometido e participativo.

Quando nos identificamos com nossos irmãos pela amizade, estamos colaborando com o Pai em seu plano de salvação, como fruto do amor. A vida do cristão só se completa no amor; nele tudo realiza, conforta-se, vivifica-se, constrói-se, transforma-se, une-se, identifica-se, fortalece-se, pois Deus é amor.

Com o batismo, recebemos a dignidade de filhos de Deus, principalmente quando projetamos a boa imagem e o bom exemplo às pessoas. Só assim, estamos contribuindo para a salvação do mundo.

A imagem do bom cristão é identificada como pessoa elegante, cortês, culta, alegre, participativa, simples e educada, fortalecida com a força da sabedoria e com o espírito de humildade. Tornar-se cristão autêntico representa o mais importante desafio para a construção de um mundo renovador, transformador, promissor, solidário, cheio de paz e concórdia.

A grande felicidade do homem é a de sentir-se presente ao lado do Senhor Jesus. Essa é a esperança para quem tem fé. Jesus assume por inteiro sua missão e aproxima-se a hora que, a partir do testemunho da cruz, passa a nascer o homem novo e a comunidade nova. A proposta de Cristo se resume no amor, que mais identifica o cristão.

Com o comprometimento do batismo, somos glorificados com o amor do Pai, principalmente quando realizamos boas ações e porque, com esse sacramento, somos consagrados como criaturas e legítimos filhos de Deus.

Características do Amor

No cotidiano, o bom comportamento pode ser realizado por meio das boas ações mais simples, como: o oferecer um copo d'água ao sedento, um prato de comida ao pedinte, manter um semblante sereno e alegre, cumprimentar o companheiro ao lado, abrir um sorriso a alguém, proferir palavras amigas, assistir os doentes, visitar asilos e orfanatos, consolar e distrair idosos e crianças, cumprir com honra e dignidade os direitos e deveres, viver em clima de oração, pedir a

Deus e agradecer-lhe com frequência a vida, a saúde, a família, o trabalho, um novo dia, o alimento, a casa onde se mora e rezar pelos familiares falecidos.

O agradecimento deve ser contínuo por recebermos a luz e o calor do sol, a chuva que cai, o ar que respiramos, a terra que pisamos e por sermos cristãos.

Somos o único animal que possui o dom de pensar, de aprender, de saber fazer, de amar e de ser amado. Portanto, quando nos relacionamos com Deus, transformamo-nos em pessoas divinizadas, porque estabelecemos uma ponte e uma relação formal com o Criador.

O Pe. Luiz Antônio Ricci, Doutor em Ética Religiosa, então Pároco da Paróquia de São Cristóvão, da Diocese de Bauru, SP (hoje, Bispo Auxiliar da Arquidiocese de Niterói, RJ), afirmou, em sua pregação, durante o Retiro Espiritual realizado no Seminário de Agudos, SP, para as Equipes de Nossa Senhora, em julho de 2004, que "muitos olham apenas para o Cristo ressuscitado, enquanto outros, para o Cristo crucificado. Precisamos olhar para o Cristo total, porque Ele foi tão Deus, que foi até homem. Jesus Cristo é nosso primeiro amor, por isso veio revelar o rosto de Deus em nós".

O amor é uma característica especial, foi atribuído com exclusividade ao homem e é tido como um grande privilégio da criação divina. O amor é considerado como valor absoluto para o homem e representa a maior arma que Deus lhe proporcionou.

O amor se manifesta em nós de diferentes maneiras. Para ilustrar, vamos buscá-lo na mulher, por meio do maravilhoso papel de mãe, porque ela representa a fonte da vida. É possível encontrar na mãe o mais belo e eloquente modelo de amor.

Devemos fazer reverência à mulher, especialmente durante seu período de gestação e amamentação, visto como um momento de magia, de encanto e beleza. Apresentamos abaixo uma pequena reflexão sobre essas etapas, como forma de identificar o importante e sagrado papel de ser mãe por amor.

a) Período de Gestação

Durante o período de gestação a mãe assume com muito orgulho o filho, aquela pequenina criatura que faz parte do plano da criação divina. É mais um que irá integrar o convívio sociocultural e uma prova de que Deus quer que a vida continue.

A boa postura de uma gestante identifica-se durante um curto período de grandeza e magia, motivo de muita felicidade e muito orgulho a toda família, porque tudo acontece por meio da misteriosa força do amor, do mistério divino da criação e da certeza de que o filho vai nascer.

Durante a gestação, a mãe, com seu semblante radiante, denota muita expectativa e felicidade. Com uma postura de elegância e por natureza humana, é comum a mãe, com as palmas das mãos, alisar e abraçar sua enorme barriga, em um gesto de aproximação, contato e carinho.

Ela interpreta esse momento de muita paz e felicidade, canta ao filhinho uma canção, cria momentos de expectativa, mudança, oportunidade de permanecer em diálogo, monólogo ou solilóquio em relação ao feto. A mãe mantém-se sempre em estado de sintonia, em clima de harmonia, de aceitação interior e na grande esperança do dia do nascimento do filho.

Do útero da mãe uma luz se faz brilhar, porque ela tem certeza de que, em breve, seu filhinho será acolhido em seus braços. É um período muito lindo, comovedor, contemplativo, de real beleza, cheio de graça e candura. O milagre da criação é envolto de muito mistério. Não é preciso compreendê-lo, apenas sentir e acreditar, pois tudo é fruto do amor do Pai.

> Há duas formas para viver. Uma é acreditar que não existe milagre. A outra é acreditar que todas as coisas são um milagre (Albert Einstein, 1879-1955).

b) O Sentido do Amor Materno

Imagine: a mãe, em uma noite de clima frio, durante a madrugada, acorda e se levanta para ver o filho recém-nascido e verificar se ele encontra-se com fome, dormindo ou com frio. Nessa hora, a mãe, cuidadosamente, aproxima-se do bebê com aquele olhar contemplativo de pureza maternal.

Após amamentá-lo, coloca-o no berço e, em seguida, ajeita o cobertorzinho, com muito carinho e suavidade. Naquele momento de paz, tudo se transforma, é muito lindo, eloquente e sublime, porque, com o silêncio da noite e a fé em Deus, ela aproveita para fazer uma oração, a imposição das mãos sobre a cabecinha ou no ombro do filhinho para abençoá-lo.

Em estado de recolhimento, ela invoca ao Pai, pede a ele e agradece-lhe a vida, saúde e felicidade. Com essa postura de humildade, espírito de finura, de acolhida e aceitação, é impossível descrever a maravilhosa grandeza do misterioso amor materno.

c) Período de amamentação

Um recém-nascido, quando está sendo amamentado no seio da mãe, representa o grande milagre da vida. O filho, em contato com o corpo aquecido por ela, encontra, em sua simplicidade, a expressão de que tudo está em paz e harmonia. É fácil perceber no semblante da criança um comportamento de absoluta tranquilidade, porque ela sente-se apoiada e fortalecida no peito da mãe.

O pequeno período de aleitamento pode ser considerado como um dos mais belos capítulos da existência humana, um marco na vida de cada um; é também um momento de muita alegria, de paz, felicidade, porque representa uma das mais belas demonstrações de acolhida e amor materno.

Naquele milagroso momento, enquanto o recém-nascido é amamentado, ele se acha todo radiante, fortalecido, em paz, muito feliz e tranquilo. Parece que o filhinho introduz a mamãe bem lá em seu âmago, em seu pequenino coração. Ele vive a sensação de muito conforto, que pode até ser considerada um outro período de gestação. É por isso que o bebê, durante o período de amamentação, fica calminho, com olhos fechados, porque é um momento de paz e muito conforto.

d) O Sentido do Amor Cristão

Amar é um sentimento que se manifesta na alma de cada um e precisa ser bem cultivado. É uma espécie de força interior que possibilita nossa identificação com Deus. O amor mantém em nós uma ligação íntima com o próximo, visa à pratica do bem e ao compromisso de nos unirmos com o Pai.

> Pois o Filho do Homem não veio para ser servido, mas para servir e dar a sua vida em resgate por muitos (Mc 10,45).

O anseio de paz, de união e de concórdia entre os homens está em nossas mãos e só acontece quando nos convertemos para Deus, para a construção de um mundo melhor.

A tarefa da conversão depende, essencialmente, de viver no clima de perdão e fraternidade, de amor com a família, solidariedade no trabalho, participação na Igreja e na sociedade.

É pelo batismo que assumimos o compromisso de nossa conversão, de sermos fiéis servidores e salvadores do mundo, em conformidade com o mandamento do amor, que é o mandamento da Nova Aliança.

> Amarás ao Senhor teu Deus de todo o teu coração, de toda a tua alma e de todo o teu entendimento. Esse é o maior e o primeiro mandamento. O segundo é semelhante a esse: Amarás o teu próximo como a ti mesmo (Mt 22,37-39).

Sonhamos conquistar a vida eterna. Entretanto, não a conseguiremos fugindo dos problemas, das dificuldades, escondendo-nos em uma "redoma de vidro", como se estivéssemos "enclausurados", preocupando-nos apenas em nos salvar ou, quem sabe, estando convictos até de que já conquistamos o Reino. É comum encontrar pessoas que vivem seu "cristianismo isolado". Em geral, são pessoas fechadas, que comungam sua própria religião, a exemplo de um soldado desertor, quando foge da luta de seu campo de batalha.

Fato semelhante acontece, também, quando deixamos de atender a um de nossos irmãos ou não levamos uma palavra amiga, não apresentamos um gesto concreto de caridade, perdão ou deixamos de oferecer, sequer, um simples copo d'água ao faminto e, mesmo sem perceber, fugimos de um sorriso e até de uma mão a ser estendida a quem precisa.

Não nos esqueçamos de que nossos irmãos encontram-se sempre de nosso lado e que não podemos deixar de apresentar-lhes um simples "Oi" ou um "bom dia!" A falta de cortesia muito ocorre nos dias de hoje, devido à pressa ou à falha de comunicação. Com o cristão conscientizado isso não acontece, porque a ausência de tais comportamentos representa a falta de amor e caridade.

O fato de estarmos vivendo é sempre uma prova de que Deus nos ama e quer que a vida tenha sentido e continue em cada um de nós. Então, a paz e a salvação do mundo estão em nossas mãos, porque somos criaturas especiais de Deus.

Os pais, como fruto do amor e formadores da família, são consagrados e responsáveis por educar os filhos, não para si próprios, mas para serem instrumentos do Senhor. A família passa a fazer parte viva de sua formação. Os filhos não são suas legítimas propriedades, são do Pai. Para nós, batizados conscientes, o compromisso maior é de sermos missionários e salvadores do mundo, cuja missão aumenta a partir do momento em que nos conscientizamos da responsabilidade de que devemos assumir a bandeira do cristianismo, em prol da renovação do batismo, e que isso deve acontecer a cada momento. Portanto o sacramento do batismo nos transforma em evangelizadores e "soldados de Cristo".

O valor do batismo está em construir em nós um modelo de cristão, fortalecido pela força do amor, na busca da paz e da união dos povos. Um simples ato de caridade com amor tem seu valor maior.

Nossa salvação acontece como consequência de nossas boas obras, principalmente, quando nos preocupamos em servir ao outro, tendo sempre em vista os mais necessitados. A salvação é, pois, o resultado ou efeito de uma causa maior: o amor pela renovação do batismo, como fruto de nosso compromisso e da participação em favor do próximo.

Preocupar-se em servir o irmão é o mesmo que salvar o mundo, o que representa nossa maior vitória e o maior fundamento da doutrina cristã. Logo, um indivíduo "construído" por amor representa um mundo construído. O que é feito pelo outro, com amor, representa uma importante dádiva, a maior glória e um grande tesouro já conquistado no céu. "Quando um homem sabe para onde vai, o mundo inteiro afasta-se para deixá-lo passar."

> Eu sou o bom pastor. O bom pastor dá sua vida por suas ovelhas (Jo 10,11).

Quando os pais pedem o batismo ao filho, eles devem, em um primeiro momento, renovar seu próprio, como prova de fé, de aceitação interior, de amor a Deus e com o desejo de acolher bem o batizando, com a esperança de uma boa nova e fruto da graça santificadora.

O que fazemos por amor transforma-se em ato de renovação do batismo e possui grau elevado. Com o batismo, conseguimos a graça de sentir o "Deus-conosco" e de reviver a luz da fé e do amor. Isso nos faz pensar sobre que tipo de "imagem de Deus" há em cada um de nós.

Família que não cultiva o amor a Deus, o perdão e a harmonia entre seus membros, não pode ser considerada família, pois representa apenas um aglomerado de seres vivos.

Vivenciar o amor de Deus e do próximo é o mesmo que renovar o batismo. Assim, o maior compromisso de nossa participação social é estarmos em comunhão com o outro, com a Igreja doméstica, sentir-se em estado de paz de espírito e em harmonia.

Podemos fazer um paralelo a respeito do amor, por meio da tabuada, envolvendo as quatro operações aritméticas: adição, subtração, multiplicação e divisão. Na *adição do amor,* a soma de um mais um é igual a um. Não pode ser dois, porque, no amor, tudo acontece com a integração em *nós.* Quando vivemos em grupo, em ambiente de partilha e de comunidade ou em harmonia conjugal, não pode haver espaço para o individualismo ou egoísmo: "eu aqui e você aí"; pois tudo se manifesta com a linguagem usando o *nós.*

É mais um motivo para sermos solidários, em seu todo e em seu conjunto, em relação às pessoas; *subtrair* amor é negá-lo a alguém, é viver em clima de solidão, é preferir manter-se alheio aos problemas sociais, é ficar livre do comprometimento com as pessoas.

Enquanto isso, na *divisão do amor,* o quociente passa a ser a *multiplicação.* Quanto mais "dividimos amor", mais "multiplicamos amor", mais repartimos amor, mais nos unimos e mais nos relacionamos com as pessoas, em prol da fraternidade e do bem comum.

Devemos amar: pai, mãe, irmãos, amigos, companheiros. Podemos gostar de todos a nossa volta; porém, se não amamos a Deus, tudo fica em vão, tudo cai por terra, fica sem sabor e torna-se uma "vida sem vida". Aquele que ama a Deus, mas nega o amor ao próximo, é falso e passa a ser "um mentiroso", "hipócrita". O amor é o mais puro e o mais sagrado dom que recebemos de Deus. Ele está acima das ações e de todo o processo de conscientização humana.

> Agora, portanto, permanecem estas três coisas, a fé, a esperança e o amor, mas o amor é a maior (1Cor 13,13).

Vivemos em uma época em que o homem está pouco voltado para o amor a Deus, ao próximo e a si mesmo. Por influência dos meios modernos de comunicação, da ciência, tecnologia, cibernética, propaganda, velocidade, globalização, do neoliberalismo, da competitividade ele criou os mais diferentes "ídolos" e encontra-se muito inclinado para as coisas do mundo.

O homem encontra-se muito apegado ao dinheiro, *marketing*, sexo, consumismo, celular, carro, futebol, carnaval, moda, mídia, televisão. Em consequência disso, ele acaba fugindo de Deus e se lança em busca de novos rumos, de novos objetivos, de "novos deuses". Prefere viver em meio à velocidade, doença da pressa, às transformações e ao pertencer a uma civilização cada vez mais em mudança.

Considera-se, de certa forma, dono e senhor do mundo. Ambiciona "ter" as coisas, cada vez mais, de modo insaciável, de maneira descontrolada e ilimitada. Esquece-se de que a conquista dos bens terrenos não atinge a felicidade, apenas leva ao prazer e ao bem-estar e tudo de modo temporário.

Essas conquistas são ilusões ambiciosas, cansativas e transitórias, podendo contribuir para deixar a pessoa mais confusa, alienada, cansada, "coisificada", arrastada, escravizada, dominada pelo *marketing* e pela força da mídia; tudo isso representa o *mal do século*.

Jesus, quando nos chama, é porque tem amor por nós. Deus não quer o que temos, mas o que somos. Depois da morte, com a ressurreição, como resultado de nossa vida terrena, tudo o que temos ou possuímos fica, e tudo o que somos, como obra do amor, levamos para a eternidade, junto do Pai. Nisso se resume todo o Cristianismo.

Com relação à vida de um casal, na família, é bastante notório que, quando não há participação e vivência do amor, quem mais sofre são os filhos, porque esses se encontram com o coração "amassado". Quando não encontram um ambiente saudável de união, de espírito de família e de presença de Deus, os membros da família encontram-se longe da harmonia conjugal; o que é uma lástima!

Quando o casal se encontra em estado de desarmonia conjugal, cada um mantém-se fechado, contribuindo para proporcionar ciúme, distanciamento, insegurança e egoísmo. E, atualmente, está cheio de casais arrependidos, infelizmente. Podemos compará-los a exemplo de uma estrada de ferro, com as duas linhas de trilhos sempre paralelas; caminham juntas sem se encontrarem em sua trajetória. É um "você lá" e "eu aqui", em clima de companheirismo, amizade ou de "posse", e não de amor.

Há casais que chegam a viver juntos apenas em estado de união biológica, por algumas dezenas de anos, enquanto reina o calor da paixão, mas distanciados da instituição de família.

No mundo atual, proliferam paixões à moda de "ficar", conforme a linguagem da maioria dos jovens, no período do namoro e enquanto vivem juntos, maritalmente, sem o clima de amor. Muitas crianças e muitos jovens vivem como fruto desse ambiente. Em consequência, facilmente se atiram às drogas, bebidas, à prostituição, ao crime e a outros absurdos, porque são carentes de amor e de educação da parte dos pais.

Um grande número de crianças e jovens faz parte do mundo dos excluídos, dos esquecidos, dos abandonados e dos desprezados. Marginalizam-se, passam a conviver na criminalidade e tornam-se candidatos a futuros delinquentes.

Imaginemos uma determinada gravura, muito bonita, estampada em um quadro, pendurado na parede da sala. Observada, à primeira vista, é admirada por todos. Pensemos, agora, na mesma gravura, porém toda amassada. Naturalmente, ela perderá todo o seu brilho, sua beleza, o grau artístico, a qualidade, o valor de sua expressão estética, do contorno, a figura e o fundo e poderá ser transformada, simplesmente, em lixo ou papel amassado. É justamente isto que acontece com os membros de uma família quando os filhos não participam da beleza e da importância de conviverem, mutuamente, em diálogo ou quando não encontram o calor da amizade, do perdão, da paciência, da humildade: perdem o sentido de Deus e do amor entre as partes.

Haja vista que muitos pais choram pela volta do filho e sentem sua dor, tudo porque se encontram com o "coração amassado". Quando acontece o problema da separação dos pais, os filhos são os que mais sofrem e passam a enfrentar as mais diferentes mudanças.

Quantos "corações amassados" andam soltos pelas ruas, quantos filhos choram pela volta dos pais a seu lar, com o grande desejo de encontrar a recuperação da família.

Bom seria se ocorresse nas famílias desagregadas aquilo que aconteceu na parábola do filho pródigo, com o milagre do perdão: uma nova luz resplandeceu para aquele jovem, abrindo-lhe um novo caminho, uma nova esperança e vida, porque lhe foi devolvida a tão desejada reconciliação, como fruto do amor e do perdão.

Que bom seria se os homens, em vez de ficarem atirando "papéis amassados", atirassem flores, porque essas desabrocham e exalam perfumes acompanhados de um colorido especial, como símbolo de abertura, acolhida, liberdade e paz.

É comum, atualmente, percebermos que há pessoas que trazem com elas o semblante fechado, entristecido, aborrecido e em estado de silêncio. Há outras solitárias, desanimadas, aflitas, angustiadas, insatisfeitas, com um olhar cansado, depressivo, apressado, sem a oportunidade de, ao menos, encontrarem-se consigo e respirarem o sabor da alegria, experimentando a liberdade e a felicidade de viver.

Atualmente, precisamos pensar em uma alternativa urgente, mais humana e ecumênica em favor da paz e da salvação dos povos. Lembremo-nos sempre de que somos irmãos na mesma fé, pelo batismo, e filhos de Deus. Por isso a reconstrução do mundo está em nossas mãos, e a ferramenta é sempre o amor, a conversão, a união, o perdão e o sentir a presença de Deus em nós.

A lenda da Fita Amarela

A Bíblia é muito rica em modelos que revelam o sentido do perdão e do amor. Na parábola do "Filho Pródigo", encontramos uma belíssima passagem de perdão, quando há a volta do filho mais novo, que se reconheceu pecador.

> Este meu filho estava morto e tornou a viver; estava perdido e foi reencontrado (Lc 15,24).

Essa linda parábola faz com que nos lembremos de uma história não menos bela e conhecida. Ela foi narrada por um sacerdote do Estado de Santa Catarina, em 1997, em sua homilia, durante a celebração da Missa, pela Rede Vida de Televisão. Apenas a adaptamos:

> Certa vez, um jovem saiu de casa para trabalhar e enfrentar a vida lá fora. Foi para uma cidade bem distante, onde encontrou serviço. Passado algum tempo, mesmo independente de sua vontade, ele se envolveu em um crime e acabou sendo preso.
>
> Apesar de ter ficado muito entristecido e bastante preocupado, ele escreveu uma carta aos seus familiares, narrando o que lhe havia ocorrido. Diante de sua infelicidade, informou que se sentia muito envergonhado para voltar aos braços de seus pais, tendo em vista que saíra de casa com o único propósito de trabalhar e vencer na vida.
>
> Depois de alguns anos, às vésperas de sua liberdade da prisão, escreveu para seus pais, dizendo: “Papai, se todos da família ainda estão dispostos a me perdoar e me receber como filho, então, como sinal, amarrem naquela árvore que fica bem de frente de nossa casa uma grande fita amarela, porque,

tal dia e hora, eu chegarei à cidade, de ônibus. Ao passar pela rua, se não vir na árvore a fita amarela, saberei que não serei bem acolhido pela família. Então, eu seguirei em frente, de ônibus, rumo a um novo destino".

A família, bastante emocionada, comentou com a vizinhança o pedido do filho de colocar uma fita amarela na árvore, em frente da casa, como sinal de reconciliação.

A maioria dos moradores da pequena cidade ficou sabendo do significado do pedido do jovem, vindo a causar grande expectativa sobre sua volta.

No dia e hora prometidos para sua chegada, para maior surpresa daquele jovem, quando o ônibus entrou na cidade, eis que a maioria das casas estava com fita amarela amarrada nas árvores e nos muros de frente para as ruas. Na estação rodoviária, a multidão que o aguardava acompanhou-o até a porta de sua casa, onde seus pais o receberam com beijos, abraços e muita alegria.

Com essa lição de vida, cabe a cada um de nós, cristãos, assumir o compromisso da reconciliação, da luta pelo perdão, da conversão dos pecadores, da construção de um mundo mais humano, fraternal e solidário, cuja luz é a fé em Deus e cujo caminho é o verdadeiro amor ensinado por Jesus.

9. BATISMO DE PENTECOSTES

Ser "batizado em espírito" é conceber que Deus habita em nós, é acreditar que Ele vem até nós para participar de sua permanência conosco, em prol de nossa santificação, e para nos fortalecer na perseverança da fé e do amor. Com o batismo, nossa vida muda completamente, porque pela fé recebemos o apoio e a força espiritual para construirmos um templo vivo, que é a morada divina em nós.

O Espírito Santo é quem nos conforta, ilumina-nos no caminho da fé, da esperança e na sabedoria, para sermos seus fiéis seguidores e discípulos. São Paulo narra aos Coríntios algumas maravilhas que o Espírito realiza em nós:

> A um o Espírito dá uma mensagem de sabedoria; a outro, a palavra de ciência, segundo o mesmo Espírito; a outro, o mesmo Espírito dá a fé; a outro ainda, o único e mesmo Espírito concede o dom das curas; a outro, o poder de fazer milagres; a outro, a profecia; a outro, o discernimento dos espíritos; a outro o dom de falar em línguas, a outro ainda, o dom de as interpretar (1Cor 12,8-11).

Jesus havia prometido que enviaria o Espírito Santo e que Ele operaria muitas proezas entre os homens.

> Recebereis uma força, a do Espírito Santo, que descerá sobre vós e sereis minhas testemunhas... e até os confins da terra (At 1,8).

Com o batismo, as portas do Reino se abrem para nós. O fato de sermos chamados de cristãos é um compromisso de filiação e de identificação com o Cristo. Aceitamos ser batizados para resgatar, em cada um de nós, o homem pecador e a conversão para o Reino de redenção, em obediência ao plano de salvação do Pai.

Foi por isso que o Filho de Deus colocou-se ao lado dos pecadores, morreu por eles e estabeleceu uma nova aliança. Cristo surgiu para o homem como um novo projeto de vida, que é o anúncio de conversão para um novo Reino. Com Ele inaugura uma Boa Nova, brilha uma nova luz de esperança, aparece um novo horizonte promissor e um novo povo de Deus.

> Ouvindo isto, eles sentiram o coração traspassado e perguntaram a Pedro e aos demais apóstolos: "Irmãos, que devemos fazer?" Respondeu-lhes Pedro: "Arrependei-vos e cada um de vós seja batizado em nome de Jesus Cristo, para a remissão de vossos pecados. Então, recebereis o dom do Espírito Santo. Pois para vós é a promessa, assim como para vossos filhos e para todos aqueles que estão longe, isto é, para quantos o Senhor, nosso Deus, chamar. Com muitas outras palavras conjurava-os e exorta-

> va-os, dizendo: "Salvai-vos desta geração perversa". Aqueles, pois, que acolheram sua palavra, fizeram-se batizar. E acrescentaram-se a eles, naquele dia, cerca de três mil pessoas (At 2,37-41).

O papa São João Paulo II nos alertou para que a aliança do Antigo Testamento continue válida, porque o povo de Deus é também o povo de Israel.

São Paulo recorda a importância de seu batismo, como início de uma nova conciliação, de um novo nascimento e de uma vida nova. O Apóstolo anuncia, também, esse grande acontecimento aos Gálatas.

> Vós todos sois filhos de Deus pela fé em Cristo Jesus, pois todos vós, que fostes batizados em Cristo, vestistes-vos de Cristo (Gl 3,27-29).

Ser "batizado em espírito" é, portanto, incorporar-se à luz divina. É o mesmo que "beber" ou introduzir o Espírito Santo no coração do homem. É uma transformação de nosso interior, porque nos faz sentir a presença de Deus e seu amor em nós.

> De novo, Jesus lhes falava: "Eu sou a luz do mundo. Quem me segue não andará nas trevas, mas terá a luz da vida" (Jo 8,12).

Nós reconhecemos o valor do batismo, principalmente porque sabemos que o Espírito Santo habita em nós, como fonte de luz e de confiança de sua majestade divina. Quando sentimos que Deus age em nós, estamos, ao mesmo tempo, incorporando-nos e renascendo para estarmos com Ele.

É preciso, pois, que a aceitação e a presença do Espírito Santo sejam estendidas a todos os cristãos, com a finalidade de podermos crescer na graça de Deus, por meio das chamas acesas da oração, que se manifesta em nós pela fé.

O batismo de Jesus Cristo foi realizado em comunhão com a Trindade Divina. Jesus, o Enviado, é a quem devemos seguir. Quando vamos a Jesus, direcionamo-nos, também, ao Espírito Santo e ao Pai. O próprio Jesus disse ao povo, na festa do Tabernáculo, que quem quisesse uma vida nova e uma água viva teria de vir até Ele.

> "Se alguém tem sede, venha a mim e beba, aquele que crê em mim!" Conforme a palavra da Escritura: "De seu seio jorrarão rios de água viva". Ele falava do Espírito que deviam receber aqueles que tinham crido nele, pois não havia ainda Espírito, porque Jesus ainda não fora glorificado (Jo 7,37-39).

Para viver o batismo do Espírito Santo, é preciso que estejamos com Jesus, que cresçamos na santidade e no amor. E foi esta a mensagem dada por Pedro aos judeus, no Dia de Pentecostes:

> Respondeu-lhes Pedro: "Arrependei-vos e cada um de vós seja batizado em nome de Jesus Cristo, para a remissão de vossos pecados. Então recebereis o dom do Espírito Santo" (At 2,38).

Jesus pregou o caminho do perdão e da conversão, para que alcancemos a vida eterna. Com o batismo, somos participantes da natureza divina na busca do Reino. E o Pai quer que participemos de seu amor. Foi para isto que Ele enviou o Espírito Paráclito: para nos salvar.

> Quem não nascer do alto não pode ver o Reino de Deus (Jo 3,3).

No mundo atual, o homem vive em meio a tantos embaraços: crise de família, crise econômica, desemprego, fome, falta de moradia, de segurança, de educação, de saúde, de alimentação e outros. Dificilmente, ele consegue fazer uma parada para si mesmo. Em contrapartida, ele passa a encontrar mais dificuldades para vencer os problemas, principalmente os de ordem educacional, emocional e sociofamiliar.

Então, a paz tende a ficar cada vez mais comprometida. Por isso, o evangelista Lucas exorta quem é batizado a buscar a felicidade e a libertação dos pecados.

Também eu vos digo: pedi e vos será dado; buscai e achareis; batei e vos será aberto. Pois todo o que pede recebe; o que busca acha; e ao que bate se abrirá. Quem de vós, sendo pai, se o filho lhe pedir um peixe, em vez do peixe lhe dará uma serpente? Ou ainda, se pedir um ovo, dar-lhe-á um escorpião? Ora, se vós, que sois maus, sabeis dar coisas boas a vossos filhos, quanto mais o Pai do Céu dará o Espírito Santo aos que o pedirem! (Lc 11,9-13)

Devido à perda de autoridade e respeito que vem ocorrendo na família, na escola e na sociedade, vivemos no mundo dos paradoxos. Até alguns anos, quando os pais falavam, os filhos assimilavam, respeitavam e aceitavam. Hoje, tudo mudou, poucos assimilam, obedecem e, dificilmente, aceitam daquilo que os pais e as autoridades falam.

Parte II

SACRAMENTO DO BATISMO

1. BATISMO DE ÁGUA

A água está presente em toda a existência dos seres vivos e ocupa cerca de 70% em cada corpo animal ou vegetal. Ela sacia a sede e vivifica as espécies. Dá vida às coisas criadas, torna-as fecundas e abundantes, como princípio fundamental de sobrevivência para cada uma das espécies.

Encontramos água na atmosfera, na chuva, nas fontes, no solo, subsolo, nos rios, mares e oceanos. Deus utilizou-a, em sua obra da criação, como fonte da vida. Ela possui, também, o poder de cura das doenças. Tal poder é conhecido desde a Antiguidade e muito utilizado pelos povos gregos, egípcios, romanos e em nossa civilização.

Quando se trata da utilização da água no batismo, ela representa a vida em abundância, simboliza a vivificação, a purificação da alma, a fertilidade, o princípio da criação e início da vida.

> Pois Deus tanto amou o mundo, que entregou seu Filho único, para que todo o que nele crê não pereça, mas tenha a vida eterna (Jo 3,16).

Imerso na água, o batizando começa a fazer parte dos planos de Deus. Com o batismo, ele nasce novamente, atravessa o período de vida terrena e depois, com a morte, eleva-se ou renasce com júbilo para a vida eterna, pela ressurreição. Jesus mostra a necessidade do batismo a Nicodemos, que era da seita dos fariseus.

> Havia entre os fariseus um homem chamado Nicodemos, um notável entre os judeus. À noite, ele veio encontrar Jesus e lhe disse: "Rabi, sabemos que vens da parte de Deus como um mestre, pois ninguém pode fazer os sinais que fazes, se Deus não estiver com ele". Jesus lhe respondeu: "Em verdade, em verdade, eu te digo: quem não nascer do alto não pode ver o Reino de Deus". Disse-lhe Nicodemos: "Como pode um homem nascer, sendo já velho? Poderá entrar uma segunda vez no seio de sua mãe e nascer?" Respondeu-lhe Jesus: "Em verdade, em verdade, eu te digo: Quem não nascer da água e do Espírito não poderá entrar no Reino de Deus. O que nasceu da carne é carne, o que nasceu do Espírito é espírito. Não admires de eu te haver dito: deveis nascer do alto" (Jo 3,2-7).

A celebração do batismo de água realiza-se sob duas formas:

a) De caráter exterior – *físico e passageiro*, enquanto ritual da Igreja e durante a vida terrena;

b) De caráter interior – *sentido espiritual e religioso*, como princípio de vida nova, de graça divina, de fé, amor, perdão dos pecados, esperança da vida eterna e conversão.

São Paulo adverte-nos sobre o sentido do batismo na vida do cristão:

> Não sabeis que todos os que fomos batizados em Cristo Jesus é em sua morte que fomos batizados? Portanto pelo batismo nós fomos sepultados com ele na morte para que, como Cristo foi ressuscitado dentre os mortos pela glória do Pai, assim também nós vivamos vida nova (Rm 6,3-4).

Ao receber o batismo, morremos para o pecado e nascemos com Jesus. Batizar, em grego, significa mergulhar, entrar na água, ir até o fundo – morrer pelo pecado –, tomar um novo impulso e depois emergir, para, em seguida, respirar, renascer e reviver.

Portanto, com o batismo, mergulhamos com Cristo de corpo e alma. Com esse sacramento, somos sepultados na morte do pecado e renascemos para uma nova vida, a da graça divina.

A água do batismo possui seu sentido espiritual, porque nela paira a luz do Espírito Santo em nós, para a purificação dos pecados e a certeza da ressurreição com Jesus. Portanto, no batismo, tudo se completa e se realiza por causa do amor que Deus tem por nós.

> Jesus disse: "Aquele que bebe desta água terá sede novamente; mas quem beber da água que eu lhe darei nunca mais terá sede. Pois a água que eu lhe der tornar-se-á nele uma fonte de água jorrando para a vida eterna" (Jo 4,13-14).

O ritual do batismo pode ser encarado como uma cerimônia que nos coloca junto ao "túmulo", com Cristo, com o objetivo de lavar os pecados para, em seguida, renascer para uma vida plena com Deus. Com o batismo morremos para o pecado, santificamo-nos por força da graça de Deus, somos participantes de sua morte na cruz, na ressurreição, identificamo-nos como cristãos e passamos a fazer parte de seu Corpo, Sangue, Alma e Divindade.

> Todos os que são guiados pelo Espírito de Deus são filhos de Deus. (Rm 8,14)
> O próprio Espírito se une a nosso espírito para testemunhar que somos filhos de Deus. E, se somos filhos, somos também herdeiros; herdeiros de Deus e coerdeiros de Cristo, pois sofremos com ele para também com ele sermos glorificados (Rm 8,16-17).

Pela eucaristia, comungamos Jesus, como alimento espiritual, e renovamos a cada momento nosso batismo. Nós, cristãos, vivemos com a plena garantia de que o Pai habita em nós, pela graça do batismo.

> Eu sou o pão da vida. Quem vem a mim nunca mais terá fome, e o que crê em mim nunca mais terá sede (Jo 6,35).
>
> O verbo se fez carne e habitou entre nós; e nós vimos sua glória, glória que ele tem junto ao Pai como Filho único, cheio de graça e de verdade (Jo 1,14).

A graça de Deus no batismo não depende apenas da água, mas, principalmente, da luz da fé, que se acha em cada um de nós, dando-nos força para podermos viver com Ele. Manifesta também a alegria de permanecermos discípulos, como membros do Corpo Místico de Cristo e de pertencermos a uma comunidade viva, que é a Igreja doméstica.

> "Se alguém tem sede, venha a mim e beba, aquele que crê em mim!" Conforme a palavra da Escritura: de seu seio jorrarão rios de água viva (Jo 7,37-38).

O batismo de água é importante em toda a configuração histórica da Bíblia e na simbologia da fé, transformando-se em momento significativo nos rituais de celebrações; vejamos:

• O acontecimento do Rio Jordão, com o batismo de Jesus, há dois mil anos, representou um marco histórico para a cristandade.

• Com o batismo de Jesus, acontece um fato relevante: uma cortina se abre para inaugurar um novo mundo e iniciar uma nova vida, com o advento do Cristianismo.

• Pela água do Rio Jordão, o cristão se identifica e desperta para o mundo do Cristianismo. Consideramos João Batista o primeiro profeta cristão, porque nele se realizou o primeiro batismo, por meio de Jesus.

• O ritual do batismo realiza-se com a água sob a luz do Divino Espírito Santo.

> Logo que foi batizado, Jesus subiu imediatamente da água e logo os céus se abriram e ele viu o Espírito de Deus descendo como uma pomba e vindo sobre ele. Ao mesmo tempo, uma voz vinda dos céus dizia: "Este é o meu Filho amado, em quem me comprazo" (Mt 3,16-17).

Encontramos na simbologia do batismo de água no Rio Jordão algumas configurações paralelas, conforme a evolução histórica da Bíblia:

• a terra não sobrevive sem água e sem umidade.

> Entretanto, um manancial subia da terra e regava toda a superfície do solo. (Gn 2,6)

• Na criação do mundo, "o Espírito do Senhor pairava na superfície das águas" (Gn 1,2).

• A água do dilúvio representa a purificação que nos faz, pelo batismo, realizar uma aliança de amor com Deus.

> Deus falou assim a Noé e a seus filhos: "Eis que vou estabelecer minha aliança convosco e com vossos descendentes depois de vós" (Gn 9,8-9).

• O Apóstolo Pedro faz referência à ação purificadora do dilúvio, quando aprofunda nele o sentido do batismo, tornando-nos aptos a um novo relacionamento com Deus.

> Apenas oito pessoas foram salvas pelas águas do dilúvio, depois da tempestade, oferecendo oportunidade de calmaria e de recomeçar a Aliança com Deus. Esta era a figura do batismo, como princípio de salvação e de compromisso para com Deus (1Pd 3,20-21).

• A água do Mar Vermelho marcou a passagem do povo de Israel, que vivia na escravidão, para a libertação na Terra Prometida.

> Não vos quero deixar ignorar, irmãos: nossos pais estavam todos sob a nuvem, todos passaram através do mar e todos foram, em Moisés, batizados na nuvem e no mar (1Cor 10,1).

• Com a passagem no Mar Vermelho, por Moisés, ressurgiu o povo de Deus. Aquele momento histórico foi de vitória para o povo israelita e de morte para o povo egípcio, que representou o pecado.

• A água do rochedo, tirada por Moisés, como milagre no deserto para saciar a sede, significou um novo nascimento de seu povo.

• A celebração do batismo de água transcende, em diferentes momentos, seu significado, a exemplo da água do Mar Vermelho, da água do rochedo, do Rio Jordão, da piscina de Siloé, do poço da Samaritana, da água que correu do Coração de Jesus, na cruz, quando Jesus foi ferido pela espada, da água que o sacerdote utiliza como preparação das oferendas e de seu uso durante a celebração da Missa – no cálice – para purificação dos pecados, da água benta e da aspersão sobre os fiéis, para purificação de nossos pecados.

• Pelo batismo de água, o Espírito Santo age, reage e habita em nós por meio de atos, pensamentos e sentimentos. Daí o compromisso de renovarmos, a cada momento, o mistério do batismo, porque, com ele, foi anunciada a vida pública de Jesus, como homem igual a nós.

> Vós todos sois filhos de Deus pela fé em Cristo Jesus, pois todos vós, que fostes batizados em Cristo, vós vestistes de Cristo (Gl 3,26-27).

• Pelo batismo de água, o Espírito Santo nos dá a força de nos reconciliarmos com Deus, tornarmo-nos templos do Espírito Santo e adquirirmos a vida divina, pela santificação.

> Acaso não sabeis que sois o templo de Deus e que o Espírito de Deus habita em vós? (1Cor 3,16).

Sendo o batismo, em sua dimensão social, uma simbologia de água viva, não se permite, pois, a uma pessoa batizar-se a si mesma. Os pais pedem o batismo do filho, que o consideram como sacramentado da fé. Com ele, acontece uma espécie de cisão, porque ocorre a morte do pecado original e o início da vida no Reino de Deus. Portanto, uma vez batizado, o candidato passa a receber a graça de um novo renascer para o Pai.

> Quem não nascer da água e do Espírito não pode entrar no Reino de Deus (Jo 3,5).

2. FIGURAS DO BATISMO

A celebração do batismo

O batismo é o sacramento que transforma e vivifica nosso mundo interior, porque com ele recebemos a graça de Deus. Com esse sacramento, participamos e vivenciamos o sentido da fé, da reconciliação, da união e realizamos a ponte que liga o homem a Deus. A liturgia batismal inicia-se com o sinal da cruz, o primeiro credo divino, o sinal do cristão, que simboliza a luta da conversão para Deus.

Durante a celebração do batismo, pais e padrinhos apresentam a criança à Igreja, na presença do sacerdote, diante do altar, para realizar o ato litúrgico. Durante a cerimônia, os que se acham presentes precisam manter-se em clima de silêncio e de oração, porque está acontecendo a celebração do grande sacramento da Igreja.

O ritual da celebração, na Igreja, não pode ser encarado como um fato qualquer, traduzido como um mero acontecimento social, enquanto dura a cerimônia. É uma celebração litúrgica, de cunho espiritual, muito solene, de fé e de oração, porque, naquele momento, acontece a suntuosa consagração do filho ao Pai, quando tudo se torna eclesial, um momento de ação de graças, de louvor e de agradecimento a Deus.

Por amor, Deus recebe o batizando, que agora passa a ser herdeiro do Reino. Portanto pais e padrinhos devem estar bem preparados para pedirem o santo batismo ao filho ou afilhado.

A época mais condizente do ano litúrgico para a celebração desse sacramento é o tempo da Páscoa e de Pentecostes. Nesses períodos, a Igreja comemora Jesus Cristo, o Ressuscitado. Quando Cristo apareceu algumas vezes aos discípulos, antes de sua ascensão, aconteceu a milagrosa vinda do Espírito Santo, no tempo de Pentecostes, que é também um importante período que celebra os fundamentos da instituição da Igreja com os Apóstolos.

Preferencialmente, a cerimônia do batismo deve acontecer na mesma Igreja ou comunidade onde convivem o batizando e seus familiares.

O batismo de água, de acordo com os ritos da Igreja, pode ser realizado de diferentes formas: por imersão, infusão, batismo de desejo e batismo de sangue.

Por imersão

O batismo por imersão foi muito usado no começo da Igreja, quando o batizando era mergulhado três vezes na água pelo sacerdote, que pronunciava o que era considerado essencial: o nome das três pessoas da Santíssima Trindade.

A Igreja considera que o batismo de imersão tenha o mesmo sentido, o mesmo valor e significado que o batismo de infusão.

Por infusão

Levando em consideração a higiene e também o valor simbólico, a Igreja confere o batismo por infusão, de igual validade ao de imersão, conforme o ritual romano.

A infusão consiste em o celebrante derramar água, três vezes, na cabeça do batizando, ao mesmo tempo em que pronuncia seu nome e pede, sob a presença testemunhal dos pais e padrinhos, que recebam o batismo, pronunciando a tradicional fórmula oficial: "Eu te batizo em nome do Pai, do Filho e do Espírito Santo".

> Ide, portanto, e fazei que todas as nações se tornem discípulas, batizando-as em nome do Pai, do Filho e do Espírito Santo.

Batismo de desejo

Em geral, ocorre, em casos de extrema necessidade, quando na ausência do sacerdote, alguém desejar receber o batismo. Pode ser utilizado em momentos diversos: natimorto, doença letal, grave acidente e em perigo de morte. Nos diferentes momentos, é importante que haja a autorização da família.

Batismo de sangue

No início do Cristianismo, no período das perseguições pelos soldados do Império Romano, os mártires entregavam sua vida, morrendo por Cristo, como prova de amor e sacrifício, após receberem o batismo de água.

Pelo tipo de morte com que eram sacrificados, na arena, havia derramamento de sangue. Aos que ainda não eram batizados, ocorria, ali mesmo, o batismo de sangue, obtendo o mesmo valor, por considerar que no sangue também contém água.

Sinal da cruz

A cruz é a marca histórica do Cristianismo. Ela lembra que Cristo permaneceu na terra, deu sua vida em favor de nossa salvação e libertação do cativeiro do pecado.

O sinal da cruz é o ponto de partida de toda celebração da Igreja. É um sinal visível que identifica a marca do cristão. Significa vitória, glorificação, sacrifício da morte de Jesus e resgate do homem pecador.

Toda vez que traçamos o sinal da cruz é renovado em nós o dia em que fomos batizados. Assim, quando utilizamos esse sinal, dizendo: "Em nome do Pai e do Filho e do Espírito Santo", estamos relembrando a água derramada sobre nossa cabeça, por três vezes seguidas, no dia do batismo, diante do altar, momento em que o sacerdote pronuncia o nome da Santíssima Trindade.

A cruz é a mais poderosa arma do cristão contra os perigos do pecado. Desde o dia do batismo, ela nos identifica, acompanha-nos, protege-nos e nos dá força, nos momentos de perigo, de tristeza e de alegria.

Para atender aos planos do Pai, Cristo passou pela morte na cruz, que foi um sinal de vitória, um testemunho de fidelidade para com o homem, tudo em favor do perdão de nossos pecados.

Portanto, o projeto do Pai, na pessoa de Jesus Cristo, foi vitorioso, porque, depois da cruz, Ele culminou com a vitória da ressurreição.

Ao nos depararmos com uma cruz, vivenciamos aquela imagem triste, toda desfigurada de Jesus Cristo, tendo consciência de que tudo foi por causa de nossos pecados. Depois de sua morte, Ele ressuscitou e, de braços abertos, ainda nos espera.

Bem atrás de uma cruz, podemos sentir ou interpretar outro momento com Ele: o da vida eterna, que acontecerá depois de nossa morte, por meio da ressurreição e da redenção. Por isso a cruz, como sinal de fé, representa o final de vida terrena, com a morte, a certeza do início e a esperança maior, que é a ressurreição para a eternidade.

Em muitas cerimônias e em diferentes atividades humanas, fatos e eventos importantes são iniciados com o sinal da cruz, representando a presença divina, porque tudo acontece segundo sua vontade.

Habitualmente, encontramos uma cruz no altar das igrejas e capelinhas, nas celebrações e nos atos litúrgicos, nas procissões, nos momentos de orações, nos palácios, nos tribunais, nas repartições públicas, nas salas de eventos e convenções, nas residências, nos diferentes meios de transporte, à beira de estradas, no pescoço das pessoas e no mundo da arte.

Nome

O nome é um símbolo sagrado e representa a marca do cristão; eleva-nos como pessoa humana, honrando-nos porque somos parte do povo eleito de Deus. No dia do batismo, o ministro pergunta aos pais qual é o nome dado à criança. Isso justifica porque o nome enobrece a pessoa física do cidadão, enquanto ser humano, em suas dimensões, pela maneira de pensar e de sentir, de agir e reagir, no trabalho e na família.

O nome nos identifica e nos qualifica no meio social, caracterizado pela imagem da pessoa humana, pelo comportamento e pelo modo de viver, em sã consciência, os valores morais. Somos conhecidos e qualificados pelo nome. Ele designa nossa existência no meio social. Na Bíblia, a identificação do nome significa ser eleito para o Reino. E o próprio Jesus disse que o bom pastor conhece pelo nome suas ovelhas.

> A este o porteiro abre: as ovelhas ouvem sua voz e ele chama as suas ovelhas uma por uma e as conduz para fora. Tendo feito sair todas as que são suas, caminha à frente delas e as ovelhas o seguem, pois conhecem sua voz (Jo 10,3-4).

A Palavra de Deus

A força da palavra pode mudar o mundo. Enquanto as ideias conduzem o homem à tecnologia e à ciência, pela palavra, nós conhecemos Jesus. Com a palavra assumimos o compromisso de seguir seu projeto de evangelização e de anunciar a Boa Nova aos irmãos.

A Escritura Sagrada é a fonte viva da Palavra de Deus, que orienta os princípios da fé, do perdão, da conversão e do amor. É o livro da revelação, inspirado por Deus. Em sua leitura, encontramos o fortalecimento para nossa alma. Deus é o autor do Livro Sagrado, uma coleção de 46 livros, do Antigo Testamento, e 27, do Novo Testamento, os quais formam a Antiga e a Nova Aliança.

> Por essa razão é que, sem cessar, agradecemos a Deus terdes acolhido sua Palavra, que vos pregamos não como palavra humana, mas como na verdade é, Palavra de Deus que está produzindo efeito em vós, os fiéis (1Ts 2,13).
>
> O Cristianismo é a religião da Palavra, não de um verbo escrito e mudo, mas do Verbo encarnado e vivo (S. Bernardo).
>
> Lembrai-vos de que é uma mesma a Palavra de Deus que se ouve em todas as Escrituras, é um mesmo o Verbo que ressoa na boca de todos os escritores sagrados, ele que, sendo no início Deus junto de Deus, não tem necessidade de sílabas, por não estar submetido ao tempo (S. Agostinho).
>
> Na Sagrada Escritura, a Igreja encontra incessantemente seu alimento e sua força (S. Agostinho).
>
> É, acima de tudo, o Evangelho que me ocupa durante minhas orações; nele encontro tudo o que é necessário para minha pobre alma. Descubro nele sempre novas luzes, sentidos escondidos e misteriosos (S. Teresinha).

Vela Acesa

A vela acesa representa a luz do Espírito Santo, a luta contra a morte e a vitória da ressurreição. Nela percebemos o calor e o brilho da luz da fé, da graça e da esperança. O círio pascal identifica a presença de Jesus, ilumina a vida do neófito e certifica que o cristão não está só.

> No dia em que Deus criou Adão, ele o fez à semelhança de Deus (Gn 5,1).

Pais e padrinhos não podem permitir que as chamas da "luz da fé" se enfraqueçam na vida do batizando, porque a responsabilidade dos pais e dos padrinhos em conservá-las, pela graça do batismo, é uma função eclesial, de caráter familiar, sempre vivo e permanente.

Segundo Ione Buyst, em seu livro *Símbolos da Liturgia*, "a chama que palpita é sinal de vida; o calor aquece, dá energia, mantém a vida (fotossíntese). Onde falta a luz, a vida corre perigo (nas prisões, nos porões das ditaduras...). Principalmente, as pessoas idosas e enfermas anseiam pela luz do dia e temem a chegada do crepúsculo".

O batizando é um imortal em Cristo, com o poder de manifestar seu chamado divino, porque foi convidado para ser *lux mundi* (luz do mundo). Ele é o portador de um mundo novo na família, na Igreja, na escola, no meio social e profissional.

A vela acesa representa a presença de Cristo, que ilumina os caminhos de reconciliação entre batizando e Deus, como testemunha de fé, para viver em clima de ação de graças.

Portanto o batizando deve reconhecer com fidelidade o projeto do Pai, não permitindo que as chamas da "luz da fé" se apaguem no caminho do pecado, pela fraqueza de espírito, na angústia, na tristeza, no egoísmo, na luxúria, na vaidade, no materialismo e no ateísmo.

> Vós sois a luz do mundo. Não se pode esconder uma cidade situada sobre um monte. Nem se acende uma lâmpada e se coloca debaixo do alqueire, mas no candelabro, e assim ela brilha para todos os que estão na casa. Brilhe do mesmo modo vossa luz diante dos homens, para que, vendo vossas obras, eles glorifiquem vosso Pai, que está nos céus (Mt 5,14-16).

A Igreja utiliza a vela acesa em quase todos os rituais litúrgicos: na celebração do batismo, na missa, na cerimônia da primeira eucaristia, na renovação das promessas do batismo e na vigília pascal. É comum seu uso em procissão, velório, cemitério, no dia de finados e em momento de oração e de credulidade.

Unção com o Óleo do Crisma

Durante a cerimônia do batismo, o batizando é ungido com o óleo santo do crisma, para ser consagrado como membro da Igreja e como povo eleito de Deus. Sendo ungido com o óleo do crisma, o batizando adquire saúde, força, beleza e vida nova.

Representa uma abundância de fé, de luta contra o mal, de alegria pela purificação dos pecados e dos dons do Espírito Santo. Da mesma forma, o enfermo recebe o "santo óleo" como remédio de enfermidade, para aliviar a dor, criar força, ânimo e conforto espiritual.

No dia da Crisma, o candidato é ungido com o santo óleo, para se tornar um cidadão consciente e exemplar, poder trabalhar dignamente, ser íntegro e um fiel soldado de Cristo, sempre pronto para lutar e vencer, a exemplo dos soldados do Império Romano. Antes de partirem para a guerra ou de lutar na arena, mantinham seus corpos encharcados com óleo de oliveira para simbolizar o ato de bravura, de coragem e conquistar a vitória.

Nesse sentido, o mundo para o cristão transforma-se em um campo de batalha. Assim, o "bom soldado" é aquele que, com a fé em Deus, em nome da família e da pátria, prefere morrer, se preciso, a abandonar a "espada". Ele precisa estar sempre bem preparado para "combater o bom combate" (2Tm 4,7).

Batismo e crisma identificam no cristão a consciência de sua responsabilidade e o compromisso de ser "soldado de Cristo", a exemplo de Jesus, que deu sua vida na cruz por causa de nossos pecados.

O crismando é ungido para receber a luz do Espírito Santo, para vencer a guerra contra o pecado e conquistar a glória eterna. No dia da Crisma, o candidato recebe a unção do óleo pelas mãos do bispo, para viver a plenitude da fé cristã. A unção do óleo na fronte representa que ele passa a ser *profeta, sacerdote e rei,* em nome de Cristo. Ou seja:

Profeta: Ser profeta, para anunciar a Palavra de Deus, poder viver o amor que Ele tem por nós, saborear a beleza, sentir-se fortalecido pela fé, viver em clima de fraternidade, adquirir a coragem de lutar contra as ignomínias, os males do pecado, da corrupção, da violência, do egoísmo e buscar a injustiça.

Sacerdote: Na ordenação, o sacerdote é ungido para ser identificado com Cristo. Então, ele passa a agir sob a luz do Espírito Santo, com o fim de perdoar os pecados, celebrar os sacramentos, abençoar todos e lutar pela conversão dos pecadores.

A vida na terra é somente uma passagem. No entanto, alguns vivem como se fossem viver eternamente, esquecem-se de serem felizes e de buscarem o caminho do Reino por meio do batismo, pela conversão e pela Palavra de Deus.

> Mas vós sois uma raça eleita, um sacerdócio real, uma nação santa, o povo de sua particular propriedade, a fim de que proclameis as excelências daquele que vos chamou das trevas para sua luz maravilhosa (1Pd 2,9).

Rei: Ser rei é permanecer unido, viver em clima de comunidade, sem divisões; com a missão de professar um só Deus, uma só fé, uma só Igreja e um só batismo.

> Há um só Senhor, uma só fé, um só batismo, há um só Deus e Pai de todos, que é sobre todos, por meio de todos e em todos (Ef 4,5-6).

Uso do sal

Somos chamados a ser sal da terra, a fim de nos transformarmos em pessoas felizes. O sal, colocado na língua do batizando, simboliza a temperança no falar e no agir, porque a força da palavra pode gerar tanto a paz, como a guerra, tanto a alegria, como a tristeza.

O sal serve para dar o sabor de viver, de sentir e o prazer da companhia dos irmãos. Simboliza um aliado, o desejo de possuir uma consciência fortalecida pela fé, de ser solidário com a família, com os colegas de trabalho e com os amigos.

> Vós sois o sal da terra. Ora, se o sal se tornar insosso, com que o salgaremos? Para nada mais serve, senão para ser lançado fora e pisado pelos homens (Mt 5,13).

Veste branca

A veste branca, durante a cerimônia do batismo, simboliza a mudança de vida, o desejo do batizando de poder viver como Jesus viveu, de receber a proteção, o amor de Deus e do próximo.

A veste branca representa a luta pela paz, a graça da fé e o motivo de se conservar na esperança de encontrar Jesus pela ressurreição. É um sinal de preparação para o dia do juízo final, de viver em estado de graça, em paz, e de poder construir um céu aqui na terra, com paz, justiça e união.

> Vós todos sois filhos de Deus pela fé em Cristo Jesus, pois todos vós, que fostes batizados em Cristo, vestistes-vos de Cristo (Gl 3,26-27).

Imposição das mãos

A imposição das mãos é um momento sagrado, muito importante e bastante comum, muito significativo, sacramental e, com muita frequência, é utilizada nas diferentes religiões. Os povos do Antigo Testamento faziam-na com muita frequência, como sinal de consagração a Deus. A prática era muito utilizada entre patriarcas e reis, durante a ordenação dos sacerdotes, e sobre seus subordinados.

Ainda hoje, pais e sacerdotes abençoam todos com a imposição das mãos. Pelo que se tem notícia, as religiões do mundo inteiro utilizam esse gesto, que representa uma aproximação com Deus.

Durante a celebração do batismo, há um momento de imposição das mãos, pelo sacerdote, com o sentido de transmitir ao neófito o desejo de estabelecer um elo com o Pai. É um sinal de acolhida e de fidelidade cristã que o celebrante realiza no batizando, para pedir-lhe saúde, força, coragem, paz e alegria de viver. Representa a força da fé, que se deve ter para com o batizando, com o desejo de ser fortalecido no amor a Deus.

> Entretanto José viu que seu pai punha a mão direita sobre a cabeça de Efraim e isso lhe desagradou. Ele tomou a mão de seu pai a fim de desviá-la da cabeça de Efraim para a cabeça de Manassés, e José disse a seu pai: Não assim, pai, pois é este o mais velho: põe tua mão direita sobre sua cabeça. Mas seu pai recusou-se e disse: "Eu sei, meu filho, eu sei: também ele se tornará um povo, também ele será grande. Entretanto, seu filho mais moço será maior que ele, sua descendência se tornará uma multidão de nações (Gn 48,17-19).

A imposição das mãos pode ser realizada também na cura dos doentes.

> Quando, de repente, um leproso se aproximou e se prostrou diante dele, dizendo: "Senhor, se queres, tens poder para purificar-me". Ele estendeu a mão e, tocando-o, disse: "Eu quero, sê purificado". E imediatamente ele ficou livre de sua lepra (Mt 8,2-3).

No Novo Testamento, Jesus impunha as mãos para abençoar as crianças.

> Naquele momento, foram-lhe trazidas crianças para que lhe impusesse as mãos e fizesse uma oração. Os discípulos, porém, repreendiam-nas. Jesus, todavia, disse: "Deixai as crianças e não as impeçais de virem a mim, pois delas é o Reino dos Céus". Em seguida, impôs-lhes as mãos e partiu dali (Mt 19,13-15).

Pela imposição das mãos, Jesus curou a sogra de Pedro.

> Entrando Jesus na casa de Pedro, viu a sogra deste, que estava de cama e com febre. Logo, tocou-lhe a mão e a febre a deixou. Ela se levantou e pôs-se a servi-lo (Mt 8,14,15).

Jesus prometeu que seus discípulos teriam o poder de curar os doentes, por meio da imposição das mãos.

> Pegarão em serpentes e, se beberem algum veneno mortífero, nada sofrerão; imporão as mãos sobre os enfermos, e estes ficarão curados (Mc 16,18).

Na cura dos doentes, Jesus sempre impunha as mãos.

> Aproximou-se um dos chefes da sinagoga, cujo nome era Jairo, que, vendo-o, caiu a seus pés. Rogou-lhe insistentemente, dizendo: "Minha filhinha está morrendo. Vem e impõe sobre ela as mãos, para que ela seja salva e viva (Mc 5,22-23).

Também, sobre os apóstolos, as mãos foram impostas por Jesus para os abençoar, antes de sua ascensão.

> Depois, levou-os até Betânia e, erguendo as mãos, abençoou-os. E, enquanto os abençoava, distanciou-se deles e era elevado ao céu (Lc 24,50-51).

O rito pelo qual se comunica o Espírito Santo, para receber o batismo, é feito pela imposição das mãos.

> Os apóstolos, que estavam em Jerusalém, tendo ouvido que a Samaria acolhera a palavra de Deus, enviaram-lhes Pedro e Paulo. Estes, descendo até lá, oraram por eles, a fim de que recebessem o Espírito Santo. Pois não tinha caído ainda sobre nenhum deles, mas somente haviam sido batizados em nome do Senhor Jesus. Eles começaram a im-

> por-lhes as mãos, e eles recebiam o Espírito Santo (At 8,14-17).

Em Antioquia, havia um grupo de profetas e doutores que impuseram suas mãos sobre Paulo e Barnabé, antes de partirem para as missões.

> Celebrando eles a liturgia em honra do Senhor e jejuando, disse-lhes o Espírito Santo: "Separai para mim Barnabé e Saulo, para a obra à qual destinei". Então, depois de terem jejuado e orado, impuseram-lhes as mãos e despediram-nos (At 13,2-3).

Os apóstolos também nomeavam seus diáconos com a imposição das mãos.

> Apresentaram-nos aos Apóstolos e, tendo orado, impuseram-lhe as mãos (At 6,6).

É muito comum entre pais, parentes e padrinhos a imposição das mãos sobre a cabeça e os ombros das pessoas – crianças, jovens e adultos – para abençoá-las e protegê-las na saúde e na paz.

Também é costume a imposição das mãos antes dos filhos repousarem, irem à escola, no desejo de um sucesso, na execução de uma tarefa importante, na vida profissional, antes da realização de uma viagem, de uma aventura, de uma competição e na intenção de conquistar uma vida salutar e feliz.

Em todos os sacramentos da Igreja, o sacerdote utiliza o ritual de imposição das mãos: na celebração da missa, na cerimônia do batismo, da crisma, do matrimônio, na ordenação sacerdotal, na penitência, na eucaristia, durante as bênçãos e na unção dos enfermos.

Da mesma forma, traçar o sinal da cruz com as mãos significa a invocação do Espírito Santo sobre os cristãos. É importante, pois, que pais e padrinhos, durante a cerimônia do batismo e mesmo em casa, adquiram o hábito de fazer, com frequência, o sinal da cruz e a imposição das mãos sobre a cabeça do filho ou afilhado, como forma de abençoá-lo.

Outorga do batismo

A celebração do batismo realiza-se diante do altar, com a presença do sacerdote, familiares, padrinhos, parentes e amigos. A Igreja outorga a celebração desse ritual, em primeiro lugar, ao bispo, ao sacerdote, presbítero e ao diácono, mas, em caso de emergência, os leigos também podem fazê-lo.

3. BATISMO DE JOÃO

Com o batismo de João Batista, inaugura-se uma nova era: o início da vida cristã. O Rio Jordão constituiu-se um marco histórico para a humanidade. João era chamado de "batista", *aquele que batiza,* (Dicionário Aurélio). Ele pregava a penitência, o princípio da remissão dos pecados, a conversão e santificação.

> Eis que envio meu mensageiro a tua frente; ele preparará teu caminho diante de ti (Mt 11,10).

João Batista foi o primeiro cristão, o primeiro missionário, o grande profeta e precursor de Cristo; usou o prenúncio da Palavra e muito colaborou para inaugurar uma nova vida religiosa – o Cristianismo.

> Então, que fostes ver? Um profeta? Eu vos afirmo que sim, e mais do que um profeta. É dele que está escrito: "Eis que eu envio meu mensageiro a tua frente, ele preparará teu caminho diante de ti (Lc 7,26-27).
> No dia seguinte, João Batista vê Jesus aproximar-se dele e diz: "Eis o Cordeiro de Deus, que tira o pecado do mundo" (Jo 1,29).

Muito ligado à pregação de Jesus, João Batista convidava o povo judeu para a vida messiânica. Ele anunciava que, após o batismo de água, aconteceria o batismo de fogo, o do Espírito Santo.

> Eu vos batizo com água para o arrependimento, mas aquele que vem depois de mim é mais forte do que eu. De fato, eu não sou digno nem ao menos de tirar-lhe as sandálias. Ele vos batizará com o Espírito Santo e com fogo (Mt 3,11).

> Com o batismo de água, convertemo-nos para Deus e nos preparamos para a vinda de Jesus prometida por Ele – "a parusia".

> Nesse tempo, veio Jesus da Galileia ao Jordão até João, a fim de ser batizado por ele. Mas João tentava dissuadi-lo, dizendo: "Eu é que tenho necessidade de ser batizado por ti e tu vens a mim?" Jesus, porém, respondeu-lhe: "Deixa estar por enquanto, pois assim nos convém cumprir toda a justiça". E João consentiu. Batizado, Jesus subiu imediatamente da água e logo os céus se abriram e ele viu o Espírito de Deus descendo como uma pomba e vindo sobre ele. Ao mesmo tempo, uma voz vinda dos céus dizia: "Este é meu Filho amado, em quem me comprazo" (Mt 3,13-17).

João Batista sabia que seu batismo era provisório.

> Depois de mim, vem o mais forte do que eu, de quem não sou digno de, abaixando-me, desatar a correia das sandálias. Eu vos tenho batizado com água. Ele, porém, batizar-vos-á com o Espírito Santo (Mc 1,7-8).

O batismo de João obteve um sentido comunitário, porque produziu mudança nas pessoas. Nele estava caracterizado o grande momento da conversão dos pecadores. Uma prova que o próprio Batista havia confirmado:

> Eu é que preciso ser batizado por ti e tu vens a mim? (Mt 3,14).
>
> O Espírito Santo descendo como uma pomba e vindo sobre ele (Mt 3,16).

A "pomba branca", que apareceu no dia do batismo, simboliza a presença do Espírito Santo, o desejo da paz, da justiça e da mansidão. A voz "que Jesus ouviu" é a mesma voz da esperança, quando sentimos a presença de Jesus, que é a certeza do "Deus-conosco", como enriquecimento do batismo, da eucaristia e da crisma.

Com a vinda de Jesus, havia a preocupação de salvar os pecadores.

> Ele, ao ouvir o que diziam, respondeu: "Não são os que têm saúde que precisam de médico, mas sim os doentes. Ide, pois, e aprendei o que significa: Misericórdia é o que eu quero, e não sacrifício! Com efeito, eu não vim chamar justos, mas pecadores" (Mt 9,12-13).

O "fogo" indica, em sua simbologia, o poder de queimar o mal entre os homens, de iluminar com a luz da fé e direcionar o caminho do bem, do perdão e a conversão a Deus.

> Jesus batizará com o Espírito Santo e com fogo (Mt 3,11).
>
> Então vieram até ele Jerusalém, toda a Judeia e toda a região vizinha ao Jordão. E eram batizados por ele no Rio Jordão, confessando seus pecados (Mt 3,5-6).

4. BATISMO DE CRIANÇA

A Igreja sempre considerou o batismo de adulto uma prioridade para a conscientização cristã. O catecumenato – preparação do adulto ao batismo – era o processo de iniciação ao Cristianismo. Ele ocupava lugar importante na vida dos leigos que desejavam conseguir sua conversão, o perdão dos pecados, a pregação do Evangelho e o batismo para a salvação.

O batismo de criança sempre existiu na história da Igreja. Quando lemos em Atos dos Apóstolos 18,8, que "casas inteiras foram batizadas", com certeza, as crianças estavam inclusas. Certo é que, desde os anos 200, há notícia dessa prática, só se tornando comum depois do século IV, com o final das perseguições aos cristãos.

Não há, no Novo Testamento, qualquer passagem que condene o batismo a crianças, porque os sinais da presença de Deus, na pessoa humana, são considerados pela Igreja a partir do momento em que há vida durante a concepção e em todo o período de vida terrena. O fato de uma criança estar vivendo é uma dádiva de Deus, uma prova de que ela faz parte de seu plano de criação e é mais uma herdeira da graça divina.

O batismo é um chamado para o caminho do bem, da paz e do amor, porque, durante a vida humana, é preciso existir um laço de união muito forte com Deus. Cabe aos pais a grande responsabilidade de a criança viver bem, crescer e produzir "frutos sadios" por meio da educação. Portanto, quando uma criança é batizada, sua vida se transforma como *um broto de videira.*

> Eu sou a videira e vós os ramos. Aquele que permanece em mim e eu nele produz fruto; porque, sem mim, nada podeis fazer (Jo 15,5).

A criança capta facilmente o que acontece a seu redor, porque é uma grande espectadora da percepção. Ela deve ser educada à medida que vai crescendo, percebendo e convivendo com as pessoas, os animais, com os objetos, com a escola, com os entretenimentos, mas é importante que esteja sempre voltada à prática da religião, ao cultivo da fé em Deus, frequente a missa, a reza do terço, tenha contato com livros de culto religioso, em seu convívio social. Necessita, pois, levar uma vida feliz, ser tratada e viver como criança, ser criada em ambiente de paz e de harmonia familiar, ser respeitada e compreendida em primeiro lugar com os deveres e, depois, com seus direitos.

Em cada criança, encontramos as cores do arco-íris, da esperança, do amor e da ternura. Em seus olhos, sempre desponta a expressão de uma vida nova. Ela é dona de muitos encantos, beleza, pureza, inocência e perfeição. E o próprio Cristo pediu-nos que a imitemos.

Jesus demonstrou total proteção à vida humana, mas para a criança devotou uma afeição especial. Foram apresentadas a Ele algumas delas para que as tocasse, mas os discípulos repreendiam aqueles que as apresentaram. Jesus, vendo isso, ficou preocupado e disse-lhes:

> "Deixai as crianças virem a mim. Não as impeçais, pois delas é o Reino de Deus. Em verdade vos digo: aquele que não receber o Reino de Deus como uma criança, não entrará nele". Então, abraçando-as, abençoou-as, impondo as mãos sobre elas (Mc 10,13-16).

Os pais têm o compromisso de orientar bem os filhos, por meio de princípios educativos que os disciplinem. Devem oferecer oportunidades para conseguirem o bom relacionamento na família, na escola, na Igreja e na comunidade.

Os filhos precisam encontrar oportunidades de lazer, criatividade, carinho, atenção, diálogo, esclarecimento, dúvidas, opiniões, sugestões e coparticipação nos diferentes tipos de aprendizagem.

Toda criança tem necessidade de boa saúde, da companhia dos pais, do compromisso com a escola, de criar um clima de amizade, companheirismo, convivência social e de despertar sentimentos positivos no outro.

Tem necessidade de afeição, de aventura, de poder brincar, cantar, andar, correr, passear, sentir-se pessoa humana, ser valorizada e reconhecida, encontrar momentos de alegria, falar sua linguagem, sentir-se livre e protegida. Tudo isso possui maior valor quando reinam os princípios da educação, da instrução e o cultivo da prática do amor a Deus, à família e ao próximo.

A criança, sendo quase que totalmente dependente, necessita receber acompanhamento dos pais, que são os responsáveis diretos por proporcionar as bases da boa orientação.

A partir do nascimento, é preciso que haja alguém que cuide bem dela, que a proteja e acompanhe seu desenvolvimento educacional, enfim, que participe de um plano espiritual de fé e de amor, com o objetivo de dimensioná-la e identificá-la bem em seus valores, como pessoa humana. O acompanhamento infantil pelos pais precisa ser realizado com muita afeição e postura, para assegurar-lhe um ambiente de paz, de segurança e garantir a tranquilidade e harmonia em toda a sua vida.

Quando ouvimos a beleza do eco da voz sincera de uma criança, sintonizamos nela a nota mais suave da orquestra universal, porque em cada palavra encontramos a expressão de pureza e inocência. Em cada sorriso e em cada olhar que dela recebemos, vemos a semente da consciência, da liberdade e empatia.

Muitas vezes, não temos paciência e não damos muita atenção para nossos entes queridos, principalmente, quando fazemos brotar em seus olhos um pouco de nosso orgulho e egoísmo. Com isso, estamos perdendo alguns pontos de crédito no céu ou "rasgando algumas páginas do Evangelho".

Em cada indelicadeza ou mau exemplo feitos com uma criança, acontece um rompimento com a liberdade; estamos "assassinando" seu sagrado dever e seu direito de ser criança. Uma simples desatenção ou um simples olhar de desprezo a uma delas é motivo para gerar mágoa, angústia, além de machucar o coração, quebrar valores, apagar sentimentos e romper o desejo de querer amar e sentir-se amada.

Muitos pais perguntam o porquê de batizar uma criança se ela não sabe o que está acontecendo. A Igreja é a grande comunidade dos batizados. É a casa de quem não tem casa. Todas as decisões humanas, tomadas com liberdade conscientizada, são mais duradouras.

Batizar uma criança é inserir na comunidade de fé o pedido do "Cristo-encarnado"; é introduzi-la no Reino de Deus. É preciso que haja muita fé em Jesus Cristo por parte dos pais, porque, com o batismo, fica em jogo a vida da criança e o compromisso de assumir com fidelidade seu cristianismo. O batismo é tão importante para a vida da criança quanto a água é para o peixe, a asa para o passarinho e o ar para os pulmões.

O batismo não somente apaga o pecado original, como garante ao batizado a descoberta do caminho da graça divina, o comprometimento da família em assegurar-lhe a educação, a fé, o amor e, sobretudo, viver junto de Deus, a sua *imagem e semelhança.*

Toda criança deve ser batizada. Os pais e padrinhos são os que testemunham a fé para ela. Contudo, o batizado não pode ficar somente na forma de *batizar por batizar*, em seu período de vivência, sem o cultivo da fé cristã. Com o batismo, Deus firma, no batizado, sua confiança, a fim de que ele faça parte do Reino, como filho especial e legítimo.

Se alguém está em Cristo, é nova criatura (2Cor 5,17).

Toda criança aprende a andar, brincar, falar, sorrir, ir à escola; adquire o gosto de cantar, de ter amiguinhos e de conviver com a família. Logo, ela deve crescer, levando consigo, em seu dia a dia, as coisas de Deus, viver em estado de graça, cultivar a fé, a oração, conseguir a educação plena, o amor e o perdão.

A administração do batismo é um compromisso de todos, independentemente de idade e raça. É uma grande oportunidade em que acontece a remissão dos pecados, a conversão e o convite ao Reino.

Uma criança não pode ficar privada de batismo por causa de sua idade cronológica. Ela não está consciente para professar a fé pelo batismo, mas nada impede que ela, durante seu crescimento e em toda a sua vida, receba a graça de Deus, por intermédio da família, que pede seu batismo.

Os pais devem reconhecer os limites da prática religiosa da criança, com o compromisso de educá-la bem, nos princípios da fé católica, em todos os seguimentos de sua vida.

Toda criança deve ser reconhecida como pessoa, independentemente de sua idade. E os pais são os responsáveis por promover a frequência na Igreja, na escola e na sociedade.

Batismo e eucaristia são pontos centrais para a criança poder encontrar as vias de sua participação na vida cristã. Ela é, simplesmente, um novo e um pequeno ser humano, em quem existe uma vida em abundância, cheia de pureza e um mundo cheio de esperança. Sempre que olhamos para uma criança, enxergamos nela a certeza de que Deus quer que a vida continue.

> Se alguém disser: "Amo a Deus", mas odeia seu irmão, é um mentiroso; pois quem não ama seu irmão, a quem vê, mas a Deus a quem não vê, não poderá amar. Aquele que ama a Deus ama também seu irmão (1Jo 20-21).

Não se pode afirmar que uma criança que morra, sem ser batizada, não receba a graça divina e fique fora do plano de salvação e do amor do Pai, porque sua infinita misericórdia é fonte de luz, de verdade e de redenção.

Independentemente do batismo, a criança é sempre filha de Deus, porque faz parte de sua criação. Porém, com o batismo, a criança passa a ser filha especial de Deus; ela é divinizada e passa também a fazer parte de sua imagem e semelhança.

O batismo de criança deve ser realizado com urgência, quando em perigo de morte. Nesse caso, ficando impossível a presença do sacerdote, o ato pode ser realizado por qualquer pessoa, devendo, em seguida, entrar em contato com o pároco mais próximo.

A criança deve ser batizada com a permissão dos pais, mesmo quando seus genitores não lhe oferecem certa garantia de que ela será educada na fé católica. Até um herege pode batizar alguém, em caso de emergência, desde que empregue a matéria e a forma prescrita e tenha, pelo menos, a intenção de fazer aquilo que a Igreja determina, sempre sob a anuência da família. Em circunstâncias especiais, até os filhos de não católicos devem ser batizados.

Havendo dúvida, em qualquer fase do desenvolvimento pré-natal, ocorrendo perigo de morte com criança prematura, abortiva e com vida condicional, esta deve ser batizada. Criança abandonada ou rejeitada deve ser batizada, condicionalmente, desde que não haja prova de que seu batismo já tenha ocorrido. O recém-nascido, independentemente da forma da sua fecundação – estupro, clonagem, inseminação ou fecundação artificial –, não importa, deve ser batizado.

A criança nasceu, tem vida, logo, sob o consentimento dos pais, precisa receber o batismo, gozar dos mesmos direitos de viver, de crescer e de ser educada na fé em Deus.

Em hipótese alguma, uma criança ou um recém-nascido deve ser excluído do batismo, mesmo porque, independentemente do batismo, não deixa de ser filho de Deus. É sempre pessoa humana e objeto especial de sua criação. É mais um irmão que passa a fazer parte da comunidade cristã. Goza dos mesmos direitos e do dever de ser acolhido por todos, sem qualquer distinção e livre de qualquer tipo de preconceito ou discriminação.

Quando os pais, por motivo religioso ou outros quaisquer, impedem a realização do batismo da criança na Igreja, deve-se respeitar.

Normalmente, a cerimônia do batismo ocorre nas primeiras semanas após o nascimento.

5. PAPEL DOS PADRINHOS

No mundo atual, vem ocorrendo a perda de diferentes tipos de valores. Muitos cristãos estão fugindo do cumprimento de suas responsabilidades, principalmente com relação à família e religião.

Atualmente, até o casamento vem passando por fase de transição e, cada vez mais, vem sendo ameaçado por um elevado número de casais que não vive sua harmonia conjugal. Muitos pais geram seus filhos; porém esses são deixados à mercê do desamor, da falta de carinho e sofrem consequências maiores, a exemplo dos infinitos casos de separação, de abandono, de desquite ou divórcio.

A Igreja pede que haja uma boa aceitação e o acompanhamento dos padrinhos, principalmente durante o período de crescimento de seus afilhados. Com o batismo, a criança precisa encontrar o apoio de seus novos aliados – *os padrinhos* –, considerados de grande importância e valor para ela, porque são consagrados e representam seus próprios pais.

Os padrinhos devem assumir o dever de dar testemunho na educação e na fé, nos momentos de alegria e de tristeza, na saúde e na doença. Ocorrendo a morte dos pais, por exemplo, cabe aos padrinhos o compromisso moral de transmitir ao afilhado o testemunho da fé cristã, de oferecer apoio, educação, instrução e, inclusive, assistência material, se for necessário.

Pais e padrinhos representam a primeira comunidade na vida da criança e são os responsáveis pelo cultivo do amor cristão. Com essa premissa, Deus age na vida de cada um e quer nossa salvação.

Preocupado com o crescimento do batizado enquanto jovem e consciente de suas responsabilidades, Santo Agostinho dizia: "Quando pequenos, nossos pais e padrinhos nos emprestaram os pés para caminharmos à Igreja, o coração para crer e os lábios para confessar a fé. Depois, cada um deve fazer sua própria decisão e opção, dirigindo-se por seus próprios pés até a Igreja, crendo com seu próprio coração e confessando a fé com os próprios lábios".

O que mais preocupa a Igreja, hoje, com relação ao batismo de criança, é a ausência de compromisso e de apoio dos pais e padrinhos quando a criança não encontra uma assistência espiritual, isto é, quando falta uma conscientização cristã. A criança não viverá bem seu batismo se pais e padrinhos, que são os espelhos de sua vida, não a guiarem, com fidelidade e bom exemplo, pelo caminho da fé.

Muitos ocupam a função de padrinhos apenas no dia da cerimônia, enquanto dura a cerimônia na igreja, de maneira oportunista ou até por conveniência, para atender a um compromisso social. Em geral, aceitam tal convite, talvez, por questão de amizade ou porque devam favores.

Pode ser comum, nos dias de hoje, padrinhos "tropeçarem" em seus afilhados, pelas ruas da cidade, e não se conhecerem, já que só se encontraram no dia do batismo, quando criança, em alguma igreja, em algum momento. Podem até brigar no trânsito, sem saber quem é quem. Provavelmente, são muitos os afilhados que não conhecem seus padrinhos e sequer memorizam os nomes deles e vice-versa, por incrível que possa parecer.

Não é apenas oferecendo presentes de aniversário que o padrinho cumprirá as obrigações de cristão. Cultivar amor, marcar presença, dar carinho e atenção deve acontecer periodicamente, como motivo de orgulho de se sentir padrinho. É preciso acompanhar seu afilhado, assisti-lo na educação, na escola, na saúde e na doença, durante a futura vida profissional e até no casamento, se possível.

É importante que os padrinhos agendem a data de aniversário de batismo do afilhado, o nome da cidade, em qual igreja foi realizada a celebração e o nome do sacerdote, como forma de dar-lhe testemunho e o necessário apoio. Façam, com frequência, orações, pedidos, agradecimentos a Deus e demonstrem o orgulho de considerá-lo um filho seu. O ideal seria o mesmo padrinho para o batismo, para a crisma e como testemunha também no dia do casamento.

Um fato novo acontece quando, pela primeira vez, a criança adentra a igreja para receber o importante compromisso de se tornar cristã. Ora, se os padrinhos são casados na Igreja, conhecem e fazem parte dessa comunidade religiosa, então, eles têm o importante compromisso de conduzir o neófito para uma nova realidade de vida humano-religiosa, de acordo com os desígnios da Igreja. É por isso que os padrinhos devem ser católicos.

A responsabilidade dos padrinhos é a de poder oferecer ao afilhado o necessário apoio, de ensinar os caminhos de Deus e o desejo de viver com fidelidade e ser feliz. Eles precisam ser pessoas que levem consigo uma vida digna, plenamente cristã, conscientizada e exemplar. Logo, se os padrinhos não são católicos participantes e não são casados na Igreja, o que o batizado pode esperar deles?

Caso você seja convidado para ser padrinho e não esteja em condições de oferecer ao futuro afilhado o testemunho da fé cristã, então, é preferível dizer "não" ao convite. O que não tem justificativa é dizer "sim" por amizade passageira, apenas porque deve favor ou porque possui certo grau de parentesco e depois ficar no esquecimento.

O padrinho tem o compromisso de abençoar seu afilhado como prova de fidelidade cristã. Por tradição religiosa, pais e padrinhos são considerados compadres e comadres, porque professam a mesma fé religiosa, como princípio de autoridade paterna, espiritualmente legítima e consagrada a Deus.

Os pais devem convidar para serem padrinhos de seus filhos, preferencialmente, pessoas que pratiquem a religião católica, possuam graus de parentesco, residam na mesma cidade e na mesma comunidade. Isso contribuirá na orientação, no acompanhamento e na convivência com o afilhado. Mesmo residindo em locais distantes, os recursos de comunicação modernos facilitam o contato imediato e permanente, como prova de apoio ao afilhado.

Durante a celebração, os padrinhos representam a Igreja e têm o compromisso de renovar seu próprio batismo, com o propósito de andar no caminho pleno da graça e na fé em Deus.

Os pais pedem o batismo para o filho, com o fim de poder exercer o "ministério" de consagração religiosa e o desejo de zelar por sua própria vida.

É importante que os padrinhos abençoem e acompanhem, com frequência, os afilhados, principalmente em casos de doença, em momentos de alegria e de tristeza, no dia do aniversário de nascimento e no de batismo, durante uma competição esportiva, em uma viagem, em sua vida profissional, no dia do casamento e mesmo na hora da morte.

Parte III

VIVÊNCIA CRISTÃ

1. O BATISMO E SUA VIVÊNCIA

Se perguntarmos a uma criança qual o dia de seu aniversário, quantos anos ela tem, em que cidade nasceu, onde mora, de imediato, saberá responder.

Contudo, se pedirmos às pessoas dizerem em qual igreja, o nome do padre celebrante, o dia, mês e ano em que foram batizadas, provavelmente, não saberão informar, à exceção de uma pequena minoria.

Pode ser essa uma das preocupações da Igreja de convidar pais e padrinhos para participarem de encontros ou de cursos preparatórios ao batismo, com o objetivo de encontrarem oportunidades para o enriquecimento do espírito, da fé religiosa e do fiel comprometimento com as coisas da família, com a Igreja e com a sociedade.

Geralmente, o encontro é realizado nas paróquias, por leigos engajados, por meio de pequenas palestras, dinâmica de grupo, reflexões de texto bíblico, uma visão prática das coisas da Igreja, dos sacramentos, uma abordagem sobre o espírito do batismo, renovação dele, o sentido da fé e do amor, conceito atual de família e a educação dos filhos. Objetiva, também, "aumentar o conhecimento teórico do Cristianismo" (CNBB, 1973, n. 4, 3).

Os pais precisam ter consciência de assegurar a responsabilidade com relação ao batismo dos filhos, pois o batismo não pode ser considerado "acontecimento social" qualquer ou "porque faz bem para a saúde", "é obrigatório", "cura cobreiro", "para poder se casar", "dá sorte", por "tradição"... No entanto, não basta levar o filho à igreja, marcar presença, batizá-lo e, depois, pais e padrinhos saírem "comadres" e "compadres", se não assumirem o importante compromisso da fé religiosa.

Muitos desejam o batismo do filho, mas, infelizmente, sem saber o que esse sacramento representa e qual sua importância para a vida do batizando. Esquecem-se de que são os maiores responsáveis pela educação na fé e no amor, na infância e enquanto adulto. Por isso, durante o ato batismal, pais e padrinhos renovam as promessas do batismo, a fim de transferi-las ao filho ou afilhado.

Em cada batismo, a Igreja recebe um novo membro para fazer parte de uma comunidade renovada por meio desse sacramento de iniciação cristã. Durante a celebração, pais, padrinhos e familiares representam a comunidade da Igreja e testemunham o ato religioso.

Para acompanhar o filho na fé, os pais devem adquirir o compromisso de serem cristãos participantes, exemplares, vivendo em clima de comunidade.

A família é considerada a menor e a mais antiga instituição dentre as instituições sociais. Tem como prioridade a procriação e a educação dos filhos. Os pais recebem o sagrado dom divino de abençoá-los, com o compromisso de educá-los bem, no caminho da fé e do amor. Os pais são também o reflexo, o espelho e os iniciadores de uma educação religiosa.

Os filhos projetam, no ambiente social, a imagem da família, seguem o exemplo, imitam os passos dos pais no dia a dia, nos mais diferentes tipos de comportamento. O convívio e o relacionamento do filho na escola e na sociedade refletem a imagem da família, isto é, o modo como os filhos foram e estão sendo educados.

A educação é a maior aliada, a luz, o ponto de partida, o caminho que conduz o homem para as mais diferentes conquistas. Constitui o maior tesouro e a maior herança que um pai pode oferecer ao filho.

O tipo de educação dada na infância será reproduzido na vida futura do filho, que representará, em sua essência, sua conduta na esfera educacional. Logo, a conquista da felicidade ou da infelicidade durante o crescimento do filho está em jogo e em grande parte sob a responsabilidade dos pais.

Educação, fé e amor formam um grande tripé e devem caminhar sempre juntas. Constituem vigorosas armas, que determinam, com sublimidade, o sentido da vida humana, em seus valores distintos, o orgulho de pertencer a uma família, a uma religião, à sociedade e a um tipo de cultura.

Em meio aos avanços da tecnologia, da ciência e da sociedade moderna, muitas pessoas não encontram tempo para a convivência familiar e com Deus. Neste mundo contraditório, de muita velocidade, cheio de tecnologia e de mudança, como consequência, vem ocorrendo na família a perda da força do amor, do diálogo e de alguns valores éticos.

Por falta de segurança e na luta contra os perigos de assaltos, tornou-se comum nas famílias a busca de proteção, com instalação de grades à frente das residências, mais parecendo uma fortaleza, uma demonstração de que o bandido está solto e o cidadão prisioneiro.

O advento do televisor é considerado um "penetra" muito influente nas famílias. É um forte paradigma, porque contribui para inibir o diálogo, o convívio e a liberdade, principalmente em horários considerados "nobres".

O televisor veio para ficar. Ele fala mais alto e pode ser reconhecido como o "General da história", "Imperador do século" e "Santuário das famílias". Com a televisão, é possível ter conhecimento dos problemas, fatos e acontecimentos do mundo inteiro, menos o das famílias, pois ela consegue deixar seus telespectadores cada vez mais distantes entre si.

Esse "monstro", se assim podemos dizer, atualmente é quem fala mais alto. Consegue fazer todos calarem a boca, provoca a perda do relacionamento familiar – quebra do diálogo – e o distanciamento entre seus membros e pode ser considerado um grande prejuízo para a união das famílias.

2. TIPOS DE CRISTÃOS CATÓLICOS

Encontramos muitas pessoas que se dizem "cristãs", espalhadas por este Brasil afora, porém muitas delas são arrastadas por diferentes tipos de denominações de crenças e praticam determinado misticismo religioso – esoterismo.

Apesar de o Brasil ser considerado o maior país católico do mundo, infelizmente, podemos contar apenas com um número reduzido de católicos considerados participantes, conscientizados e convertidos na fé em

Deus. É possível classificar os tipos de "cristãos católicos" na Igreja do Brasil.

Católico de batismo

"Católico de batismo" é o tipo de cristão que aparece em menor número, apesar de a maioria do povo brasileiro afirmar ser "católico".

Em geral, esse tipo de cidadão aparece na igreja apenas em dias de celebração de batismo, isto é, para batizar o filho ou para ser padrinho; nas cerimônias de primeira eucaristia; em missas de sétimo dia; e em casamento de parentes ou de amigos.

Sua frequência na igreja é pouquíssima. Em geral, considera que "não tem tempo" e que religião se pratica em casa. A maioria apresenta um comportamento "frio" e indiferente para com as coisas de Deus.

Grande número desse "fora da lei" não contribui com o dízimo, não gosta de padre, costuma falar mal da Igreja e, quando vai a ela, é por subterfúgio pessoal ou para justificar ser cristão.

É comum encontrar, na residência do católico de batismo, uma Bíblia, geralmente aberta, colocada sobre a mesa ou no canto da sala, praticamente para servir de "guarda-pó", de enfeite; uma forma de identificá-lo como cristão.

É devoto de Nossa Senhora Aparecida, participa de romarias, costuma pagar promessas e, por tradição, vai à procissão de Sexta-feira Santa. É por meio desse tipo de "cristão" que as estatísticas apontam ser o Brasil o maior país católico do mundo.

Católico tipo oportunista

É o tipo de cristão por conveniência. Ele possui as mesmas características do "católico de batismo". É também alheio à prática de religião, muito acomodado e indiferente com a fé religiosa.

O católico oportunista só pensa em Deus quando a coisa aperta, ocorre uma desgraça, um grave problema, quando contrai uma forte doença, em ocasião de sequestro, durante um acidente, em uma crise financeira, em casos de desemprego, em momentos de assalto, em perigos de morte, no dia do vestibular e em dias de tempestade. É só surgir um problema que ele começa a rezar, vai à igreja com assiduidade, participa de celebrações, promove campanha de "correntes de oração", reza o Terço de Nossa Senhora, mas apenas enquanto dura a situação ruim.

O "católico oportunista" possui uma característica especial, sem muita definição religiosa, geralmente, é cheio de "achismo" e comumente comenta os defeitos da Igreja.

Por ser indiferente e inseguro com a religião, ele a procura apenas de forma interesseira. Ele pode ir mais longe: frequentar centros espíritas, terreiros de umbanda, procurar cartomantes, usar amuletos, acreditar em astrologia e nas ciências esotérica, ao mesmo tempo, alegar ser católico, porém ao modo de "um caniço agitado pelo vento" (Mt 11,7).

Quanto à religião e às coisas de Deus, ele caminha de acordo com a onda, porque se deixa levar por perspectivas e opiniões alheias, mesmo que sem fundamento. É o tipo do católico frio e indefinido. Normalmente, a prática de sua religião é temporária, isto é, dura enquanto consegue resolver seus problemas pessoais. Com isso, uma grande maioria frequenta hoje um credo religioso e, amanhã, outro.

O "católico oportunista" facilmente é arrastado pelas mais diferentes seitas espalhadas pelo país. Quando vai a uma dessas seitas, de início, por ingenuidade ou ignorância, já declara haver-se "convertido", passa a receber "milagres" e alega que só agora "encontrou Jesus".

Na nova denominação religiosa, em troca da "salvação" ou do desejo de encontrar prosperidade, ele cumpre rigorosamente com o dízimo, porque agora ele está com Jesus.

Com essa filosofia religiosa de senso comum, para a maioria das seitas, o aumento de número de adeptos passa a ser "um bom negócio", haja vista que, segundo seus séquitos, lá tudo acontece "em nome de Jesus".

Já o filósofo F. Nietzsche, em uma de suas assertivas, afirma que "Deus acertou em cheio quando limitou a inteligência humana. Mas Ele cochilou feio, porque não limitou a ignorância humana".

Católico por convicção

Convicção indica certeza pessoal, um tipo de motivação que a pessoa adquire para a realização de um sonho ou para conquistar algo. Convicção é o conceito que se tem de momento sobre algo, por força de opinião, vontade, por influência da propaganda ou da mídia, por curiosidade, sempre motivado por certa ambição, desejo de realizar uma aventura ou ter um sonho idealizado.

A convicção se desenvolve como forte onda, que pode contagiar e até mudar a cabeça das pessoas na busca de um objetivo. Surge por meio de diferentes graus e dimensões, com base em fatos políticos, dados de opinião pública ou até por meio de uma confirmação científica.

Ao adquirir certo interesse naquilo que a pessoa deseja conquistar, sonhar ou idealizar, a convicção faz brotar na mente da pessoa um forte desejo, que pode mudar a maneira de pensar, de se comportar, de agir e aceitar.

Convicção é toda conquista realizada pela força de uma propaganda, pelos meios modernos de comunicação, com influência do mundo da tecnologia, da ciência e da mídia, de refletir amplamente no mundo político, no campo socioeconômico e na cultura de um povo, chegando a introduzir na pessoa uma espécie de onda ou crença, criando um forte domínio social, uma espécie de roda-viva, que tem o poder de controlar e mudar a mentalidade de muita gente.

É natural que ocorra nas pessoas o sonho ou a convicção de adquirir um carro novo, uma casa nova, um novo emprego, uma namorada, casar-se, passar no vestibular, participar de uma viagem, que pode levá-las ao sucesso ou fracasso.

Pelo poder do consumismo, a mídia consegue influenciar as pessoas, quando surge, por exemplo, no mercado, um tipo de moda. Mesmo que seja por um curto período de aceitação e de duração, tem por convicção o poder de mudar e "fazer a cabeça" de muitas pessoas.

A convicção, por questão de insegurança, fanatismo e ignorância, pode alterar o comportamento das pessoas, a exemplo de uma propaganda que aparece com dados de opinião pública e em época de eleições, quando uma multidão é arrastada por força de uma ideologia política ou até por convencimento retórico e demagógico de um orador.

Foi por convicção que Hitler, com suas ideias e com seu poder de retórica, conseguiu convencer os alemães a massacrarem milhões de judeus, durante a 2ª Grande Guerra (1939-1945), causando um dos maiores genocídios da história.

Por convicção, presenciamos, em algumas denominações de seitas religiosas, existentes no Brasil, pastores, que possuem o dom da oratória, convencendo e mudando a maneira de pensar das pessoas por meio de diferentes formas de interpretação bíblica e de "milagres", aproveitando-se da ignorância de muitos.

Um grande número de pastores de seitas religiosas consegue injetar certas opiniões em seus séquitos, como: ter medo de inferno, medo de Deus, proibição do trabalho em dia de sábado, comer carne de porco, doar sangue, votar nas eleições, praticar esporte, a mulher não poder cortar cabelo, depilar-se. Possui um rigoroso zelo pelo pudor e afirma que católicos adoram imagens.

Da mesma forma, acontece com o católico por convicção, com aquele que reza terço diariamente, lê a Bíblia, participa de movimentos de assistência social e de pastorais, contribui com o dízimo, vai à missa, porém deseja somente aparecer, para manter as aparências e cumprir tabela, sem sentido religioso.

Enquanto a convicção se manifesta por força da opinião, da razão, de forma exteriorizada e temporária, pela certeza de ciência, a conversão vai mais longe, porque depende da força da ética, de uma aceitação interior, possuir caráter permanente, valores morais, espirituais, para manter-se na certeza da fé.

Católico por conversão

A conversão acontece quando adquirimos uma atitude ou uma plena consciência daquilo que fazemos, sentimos, quando participamos e desenvolvemos uma profunda mudança interior, a exemplo de São Paulo, que caiu do cavalo; de Nicodemos, que sentia a presença de Deus e queria nascer de novo para ser salvo; dos apóstolos, que seguiram Jesus; e de Zaqueu, que subiu na árvore para ver Jesus passar.

O verdadeiro sentido de conversão religiosa é sempre um ato de esperança, eloquente, de renovação do batismo e de reconstrução da vida humana em sua dimensão de espiritualidade.

A conversão cristã acontece quando, humildemente, abrimos nossa alma e exercitamos o poder de nossa fé em Deus, em favor da salvação da humanidade e tudo por força do amor.

Um convertido a Deus é um cristão elegante e sublime, está sempre em paz com a família, com o trabalho, com os amigos e com a religião. Sua luta é pelo bem; é sempre franco, solidário, líder, mantém-se em clima de paz e de perdão; é perseverante, pratica sua religião, a oração e é sempre fiel a Deus e ao próximo.

Um grande motivo que nos leva à conversão é a prática do ato de adoração a Deus, que acontece com o poder da fé, da meditação, da oração e do amor. Portanto "adorar" é acreditar plenamente em Deus, é segui-lo, é vivê-lo em clima de amor, de perdão, harmonia e de humildade para com o próximo; é colocar Jesus no fundo do coração.

O ato de adoração a Deus tem muito valor, em estado de vida contemplativa, em momento de parada e de meditação, de silêncio, em permanente sintonia com o Pai e com o próximo.

Para o convertido, Deus está acima de tudo, depois o próximo e ele mesmo. É o tipo de cristão alegre, feliz e cheio de vida. Geralmente, possui espírito de liderança, presença de autoridade, é perseverante e responsável por seus atos. Procura colocar-se sempre a serviço do outro, por amor, e mantém um comprometimento permanente de renovação de seu batismo.

Quando fitamos os olhos em uma pessoa e não percebemos em seu semblante a imagem de Cristo, ou quando encontramos alguém sem a expressão de uma vida com vida, temos o compromisso de levar-lhe a mensagem do Cristo, por meio do servir, que é a chave central do batismo e de sermos missionários.

Segundo o Evangelho, nós recebemos muito crédito no céu com atitudes de servir aos irmãos mais necessitados, levando-lhes a "boa-nova"; o que representa nossa importante tarefa de lutarmos pela conversão dos pecadores.

Adorar a Deus, sem se preocupar com o irmão, não importando quem seja, mesmo estando a seu lado, não tem valor e pode ser visto com uma postura hipócrita.

Pela doutrina cristã, não existe salvação individual. A salvação só acontece quando vem ao encontro do mandamento maior, que é o de "amar a Deus sobre todas as coisas e ao próximo como a si mesmo", ou seja, inclui o inimigo, o que é muito difícil.

Quando promovemos uma ação beneficente, tal ato pode transformar-se em simples filantropia, de caráter social, e pode ter o sentido de caridade. Entretanto, quando nos colocamos a serviço do outro, por amor a Deus, mesmo oferecendo um simples copo de leite, isso tem valor extraordinário quando feito por amor, porque assim estamos correspondendo ao plano do Pai: participar de seu grande mandamento, que é o de amar ao próximo.

Evidenciamos, abaixo, algumas diferenças entre convicção e conversão religiosa.

• Temos ciência ou a convicção de que fomos batizados, mas será que estamos convertidos para Deus?

• Temos convicção de que Jesus voltará no dia do juízo final, mas já nos sentimos convertidos e estamos preparados para esse tão esperado momento?

• Por convicção, acreditamos que a Bíblia revela a Palavra de Deus e fala a verdade, mas já nos sentimos convertidos a Ele?

• Somos convictos de que Jesus é o Salvador, mas já nos convertemos a Ele?

• Temos convicção ou conhecimento de que a Igreja é una, santa, católica e apostólica, mas estamos seguindo os mandamentos da Lei de Deus, da Igreja, vivenciado os sacramentos, principalmente o da renovação do batismo?

• Estamos convencidos de que um dia ressuscitaremos para a vida eterna, mas já nos preocupamos com nossa conversão a Deus?

• Temos convicção de que Deus traçou para nós um plano de salvação, enviando seu Filho, Jesus Cristo, mas já nos convertermos a Ele?

O batismo é a maior vocação do cristão, porque tem o objetivo de atender ao pedido de Jesus Cristo por meio da conversão: sermos apóstolos e salvadores do mundo.

> Depois que João foi preso, veio Jesus para a Galileia proclamando o Evangelho de Deus: "Cumpriu-se o tempo, e o Reino de Deus está próximo. Arrependei-vos e crede no Evangelho" (Mc 1,14-15).

Se não nos convertemos a Deus, torna-se impossível a salvação, porque ela envolve uma atitude vocacional cristã com vida interior sadia, com amor a Ele e ao próximo. Todo sinal de conversão inicia-se pelo batismo. Mesmo havendo perdão, não nos santificaremos enquanto não nos sentirmos convertidos a Deus.

Ainda, com relação à convicção e à conversão, por exemplo, quando alguém afirma: "Eu estou casado", imediatamente, ocorre uma conotação de caráter exterior, de juízo de realidade, temporário, de prazer e bem-estar. Tem aí uma conotação de convicção ou de paixão, o que pode determinar certa insegurança em relação ao casamento.

Por outro lado, se alguém diz: "Eu sou casado", tudo fica diferente, porque tem sentido de fidelidade, que é o de assegurar um comportamento de interiorização de vida plena, identificado pelo juízo de valor. Todas as decisões humanas, feitas com amor, têm sua conduta ética com princípios de liberdade e são duradouras, como fruto de conversão que complementará com a harmonia conjugal.

Quando na vida do casal existe o amor, é porque houve uma grande prova de conversão, como gesto concreto de aceitação interior, de aceitação mútua, e a certeza da convivência duradoura, como sinal de felicidade.

3. COMO VIVENCIAR O BATISMO

A celebração do batismo realiza-se por meio de sinais, de ritos e de intenções. É envolta em consagrações, devendo acontecer na Igreja, em clima de silêncio, de oração, de fé, de esperança, de amor e da graça de Deus.

No dia do batismo a Igreja acolhe um novo filho. Os pais, padrinhos, parentes e amigos se dirigem até o batistério, com a criança, para participar da cerimônia reconhecida como seu primeiro ritual de celebração e de consagração de vida cristã.

É muito importante o acolhimento do neófito na entrada principal da Igreja pelo celebrante ou pelos membros das equipes das pastorais do batismo e da família. Houve época em que a Igreja mantinha o badalar dos sinos antes da celebração do batismo, anunciando a acolhida do batizando, *introito filii domo Dei* (a entrada do novo filho na casa de Deus).

A cerimônia é uma celebração de fé, assistida pela presença do Espírito Santo. É um momento glorioso, porque Jesus se coloca em igualdade de condição com os homens.

O batismo é um momento muito especial de nossa vida, porque, com ele, realiza-se em nós um chamado divino. Passamos a fazer parte dos planos do Pai e nos agregamos ao Corpo Místico de Cristo.

> Quem não nascer da água e do Espírito não pode entrar no Reino de Deus (Jo 3,5).
>
> Toda a autoridade sobre o céu e sobre a terra me foi entregue. Ide, portanto, e fazei que toda as nações se tornem discípulas, batizando-as em nome do Pai e do Filho e do Espírito Santo e ensinando-as a observar tudo quanto vos ordenei. Eis que eu estou convosco todos os dias, até a consumação dos séculos (Mt 28,18-20).

Uma vez batizados, assumimos o compromisso de corresponder à sagrada missão evangelizadora, confiada a cada um de nós, a exemplo dos apóstolos: sermos salvadores do mundo e participantes do Reino.

4. COMPROMETIMENTO COM O BATISMO

Procurando dar maior sentido e valor ao sacramento do batismo, apresentamos algumas sugestões que podem estar de acordo com a obra missionária católica, por meio da Igreja doméstica, em cada paróquia, e atender o pedido do papa São João Paulo II, em seu projeto de evangelização do Terceiro Milênio.

É importante que se estabeleçam momentos de comprometimento e de participação dos cristãos, por meio de pastorais engajadas, a fim de valorizar e enriquecer o sacramento do batismo durante a vida do neófito. E esse compromisso pode ser dividido em cinco fases distintas, a saber:

Primeira fase

A primeira fase seria desenvolver um trabalho de sondagem na paróquia, junto aos membros da *pastoral familiar de visitação*, objetivando identificar, em seu território, quem são as gestantes do momento.

Durante a gestação, a *pastoral de visitação da família* desenvolveria, com certa frequência, as visitas domiciliares, levando-lhes o apoio espiritual, educacional e até material, se preciso, promovendo a valorização da vida, a prática de oração, apresentando preliminares da preparação e do apoio no nascimento do bebê.

Nesse período, deve-se abordar a importância da participação dos pais e padrinhos no curso ou encontro de preparação ao batismo, informando sobre a presença deles no dia da celebração e o acompanhamento espiritual durante o crescimento da criança, até atingir o engajamento com a família na Igreja.

Segunda fase

A segunda fase aconteceria com a participação dos pais e padrinhos no encontro de preparação ao batismo para pais e padrinhos na Igreja, a exemplo do que vem acontecendo normalmente nas paróquias, com o fim de promover a conscientização e a responsabilidade cristã junto à vida do neófito.

Em geral, de acordo com cada paróquia, o encontro é realizado por leigos engajados, com duração de algumas horas, utilizando-se de dinâmica de grupo, debates, círculos de estudos, palestras, objetivando discutir temas, como: questões sobre a missão de Cristo, os sacramentos da Igreja, o sentido do batismo, o papel dos pais e dos padrinhos, o valor da renovação do batismo e do matrimônio, a harmonia conjugal, o despertar da fé e do amor, cultivo de oração, espírito de família e do batismo, a educação dos filhos na escola, na Igreja e na sociedade.

Terceira fase

A terceira fase ocorreria com a celebração oficial do batismo, com a presença do celebrante, dos membros das equipes das pastorais envolvidas, dos padrinhos e familiares do batizando. É o dia em que pais e padrinhos pedem o batismo do filho ou afilhado, consagrando-o a Deus para se tornar cristão.

Essa terceira fase objetivaria valorizar e reconhecer a importância do sacramento na vida do novo cristão, identificado como filho especial de Deus, momento em que todos participam da celebração em clima de oração, de fé e de muita alegria.

Quarta fase

Dificilmente, sabemos o resultado de um curso ou encontro preparatório ao batismo e à própria celebração do sacramento. A intenção maior é pedir a Deus que as famílias reconheçam o sentido, o valor do batismo e da fé religiosa, perseverando nos compromissos e participando dos momentos de oração e de amor a Deus.

É importante, pois, que se crie o *grupo de intercessão* na paróquia, por meio da *pastoral da família*, com o objetivo de manter em uma sala um ambiente de oração, enquanto acontece o encontro preparatório e durante a celebração do batismo.

A finalidade é pedir a Deus que batizandos, padrinhos e familiares vivam felizes na perseverança da fé e do amor ao Pai, que gozem da saúde e da paz em família, adquiram uma permanente participação na Igreja e na vida na comunidade.

Quinta fase

Depois de realizado o batismo, *a pastoral familiar de visitação* programaria, na residência do batizado, a assistência espiritual de acompanhamento junto à família, a fim de conscientizá-la para o compromisso de participação do projeto de Deus, da Igreja, em harmonia conjugal, da educação dos filhos, para poder vivenciar o sentido do amor cristão e o compromisso com a comunidade – Igreja doméstica.

A pastoral levaria à família a Palavra de Deus, visando à formação do cristão, com a leitura do Evangelho, propagando o espírito do Cristianismo, da reza do terço, o fortalecimento de comunidade, a vivência da fé e da oração, até atingir o possível engajamento da família na Igreja e da criança no sacramento da primeira eucaristia.

CONCLUSÃO

Deve-se salientar que o batismo é base para todos os outros sacramentos, o ponto de partida de todo o processo de evangelização, de santificação e de conscientização humana em favor da conversão a Deus.

É pelo batismo que adquirimos consciência de que Deus nos ama. Por isso, precisamos apresentar ao Pai nossa gratidão, com o fim de podermos viver felizes, como irmãos na fé.

Com essa linguagem, o sacramento do batismo, hoje, precisa adquirir "cara nova", não devendo ficar apenas com a celebração na Igreja, porque o verdadeiro sentido desse sacramento inicia-se, justamente, naquele momento em que encerra a cerimônia na pia batismal, por meio da renovação do batismo, quando se adquire um modelo de ser cristão.

Precisamos, portanto, em todos os momentos, renovar nosso batismo, renascermos a cada dia pela fé e vivermos os grandes momentos de Cristo.

O batismo é a base de todos os outros sacramentos, porque nele acontece a descoberta do caminho da graça de Deus em nós. Assim, cada vez que se realiza a celebração do batismo, uma nova luz desponta no horizonte para iluminar um mundo novo, faz surgir uma nova Igreja e uma "estrela do Oriente".

Dessa forma, em nossos caminhos, sempre acontece um novo natal, porque nós encontramos um novo Cristo e porque, pelo batismo, recebemos mais um irmão na fé.

Acontece, ao mesmo tempo, a realização de uma vida nova, de uma nova esperança, de uma nova comunhão, de uma nova ressurreição; glorifica-se com um novo *aleluia* e um novo você. É, portanto, uma nova Igreja que renasce e renova uma comunidade; o momento em que os anjos dos céus dizem: "Amém!"

REFERÊNCIAS BIBLIOGRÁFICAS

Bíblia Sagrada – A Bíblia de Jerusalém. São Paulo: Editora Paulus, 1973.

Catecismo da Igreja Católica. Petrópolis: Vozes, Rio de Janeiro, 1993.

Descobrindo novos caminhos. Pastoral do batismo de crianças. CNBB – 2ª parte. São Paulo: Paulinas, 1997.

GOEDERT, V. Maurício. *Batismo:* fonte de todas as vocações. São Paulo: Paulinas, 2002.

MESTERS, Frei Carlos. *Por que batizar?* Belo Horizonte: O Lutador, 1974.

O Sacramento do batismo nas fontes cristãs. Coleção Subsídios, 4. Petrópolis: Vozes, 1975.

ROMAN, Pe. Ernesto N. *O batismo.* São Paulo: Paulinas, 1979.

ZILLES, Urbano. *Fé e batismo como começo e fundamento da existência cristã.*

Revista "Veritas" n. 73, PUC. Porto Alegre.

BUYST, Ione. *Símbolos na liturgia.* São Paulo: Edições Paulinas.

ÍNDICE

Este livro foi composto com as famílias tipográficas Albertus, Dunbar e Garamond
e impresso em papel Offset 63g/m^2 pela **Gráfica Santuário.**